全圖鑑

用單字原理速記
國中單字

鄭孝准、魯芽蓮 著　馮艾瑪 譯

全 MP3 一次下載

all_units.zip

iOS 系統請升級至 iOS13 後再行下載，下載前請先安裝 ZIP 解壓縮程式或 APP，
此為大型檔案，建議使用 Wifi 連線下載，以免占用流量，
並確認連線狀況，以利下載順暢。

給選擇本書的朋友們：

　　你的朋友們是如何記單字的？也許你一天可以背 10 到 20 個單字，但過幾天之後，你會感到挫敗，因為你記過的單字又忘掉了。也就是說，堆起來的積木又倒下來了！

　　根據目前教育部課綱標準，小學畢業時，應具備約 600 單字的字彙能力，而國中畢業後必須擁有 2,000 字以上的字彙能力，如此即具備與母語人士溝通的基本能力。但是，如果只是用死背的方式，要記住這 2,000 個單字其實是非常吃力的。

你用什麼方法來記單字呢？

　　有一句話說，樹根扎入土中越深，越能夠屹立不倒。同樣地，語言本身也有它的「根」（「字源」的概念）。對於「游泳」、「滑水」、「波浪」這三個詞，你的第一個想法是什麼？應該會直接想到有「水」吧！因為這裡好幾個字都有中文字裡「三點水」的部首。如果你了解「水」這個字的意義，即使你不知道「水深」、「水質」、「水力」的意思，至少你知道它們都跟「水」有關吧。所以如果可以透過「字源」來了解一個字的意義，你會更快速了解它，且短期之內絕對不會忘記。

　　同樣的概念，也應運用於英文單字的記憶。以「字源」來了解一個單字是怎麼來的，可以幫助你一次記下更多單字，而不需要一直承受背了又忘，忘了又背之苦。比方說，只要你知道 tele- 是「遠方的（far）」，那麼像是 telephone（在遠方通話 → 電話）、television（在遠方播放視訊 → 電視）、telescope（讓你看見遠方的事物 → 望遠鏡）…等這些字，就不難理

解它們的意思了。

　　本書收錄 50 個小學生或英文初學者必須學會的基本字根，以及 300 個從這些字根衍生的英文單字。此外，也附上一些插圖，幫助學生們更容易了解這每一個字根的意義以及每一個單字的意思，同時每一個單字還有練習題以及機智遊戲，讓你在學習過程中不會感到無趣。本書從教育部推薦的小學生應學會的英文字彙中，精選 200 個會出現在教科書中的基礎單字，因此，請於開始本書的學習課程之前，測試自己對於這些字彙的理解程度有多少。假如你可以好好學習本書所列出的字根，以及這些字根衍生出的英文單字，就可以奠定日後「英文繼續深造」的穩固基礎。

　　假如你可以好好學習本書所列出的字根，以及這些字根衍生出的英文單字，就可以奠定日後「英文繼續深造」的穩固基礎。

鄭孝准、魯芽蓮

我推薦這本書！

　　看過這本書之後，讓我想到的第一件事是，我的中學生活。我在念中學時所購買的第一本書 — 一本手掌大小、紅色封面的英文單字書。就像很多單字書，裡面的單字是以字母順序 A-Z 排列，並附有中文解釋。在我記憶中，它的設計是每一堂英文課要學習 10-15 個單字，然後還有個小測驗。當然，當時學習過那本書後，對於我現在英文字彙的發音、拼字以及英文口語能力是有幫助的，但是當我試著要去記憶單字的意義時，是很費力的一件事。結果，英文還是讓我感到很挫敗。

　　後來當我進入大學且主修英文時，才發現原來一個英文單字是可以分成幾個小部分（word parts）的。我也注意到，這些單字的小部分都有不同的意義，一起組成這整個單字的解釋。在這之後，我會去思考一個單字是由哪些部分組成的，以及每一部分有何意義，如此我便能更容易去猜測一個我所不認識單字的意思。其實，本著這樣的好奇心去記單字，可以擺脫掉學習英文的負擔及枯燥。此外，這樣記單字的方式不僅讓你長時間不容易忘記，當你要用到這個單字時，也會讓你更容易且更快速想起它。

　　雖然在本書中所列出必須記憶的單字，並非囊括日常生活英語溝通全部會用到的單字，但重點是，它提供一種有趣且有效的學習方式。亦即，將每一個單字劃分成不同部分並且理解每一部分所代表的意義，如此有助於你完全理解這個單字。

本書兩位作者都是小學英語教育的專家及知名教師，且在英語教學方面已累積相當豐富的知識與經驗。對於小學生、即將念初中的學生以及希望奠定英文字彙與知識基礎的讀者來説，本書中設計的問題一定可以讓你逐漸培養學習英文的熱情，而且你會清楚了解英文單字記憶的正確方向。

　　最後，我想對於本書作者及出版商表達感謝之意，因為他們的努力已經為我們的英語教育挹注一股新的活水。

春川國立教育大學
鄭恩淑 教授

其實你的英文實力不只這樣！
現在就從基礎字彙的字根與搭配插圖開始

　　每天，都會看到一堆棘手的英文單字出現在各種教材上吧！要擺脫這些棘手的英文單字，最聰明的辦法就是記住字根、了解字源。如果你能了解在一個單字當中，隱藏著字根的意義，你就能夠輕易將自己的字彙能力迅速擴張。透過本書所提供的字根解說以及專屬設計的插圖，來充分發揮你的英文實力吧！

1 天 1 個單元，30 天的實現計畫！現在開始～

配合該字根專屬設計的插圖
以趣味插圖幫助你永久記住
一個字根

掃描 QR 碼練習發音
可透過掃描右上方 QR 碼聽取
單字與例句的發音。

字根解說
讓你更容易了解這個字根
的意義

練習寫寫看
確實寫出這個單字的每一個字母，
以幫助記憶。

單字範例
以清楚易懂且逗趣的
插圖來解說這個單字
的意思

單字解釋與用法
將單字拆解、分析字
義、字源，並提供實
用例句。

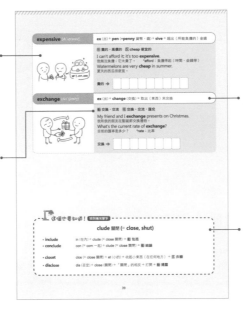

單字組成的樣貌
就字源學的觀點，一瞥
這個單字的發音方式以
及構成要素。

這個也要知道！
延伸學習單字的相關諺
語、佳句、增益字詞、
片語…等。

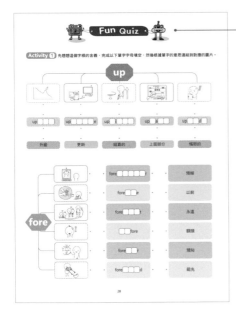

Fun Quiz
這些有趣的練習題可以讓你確認是
否已確實了解這個單字的意義。

〈本書用字程度佔比〉

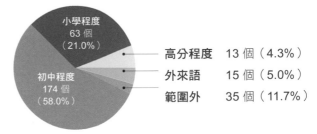

高分程度 13 個（4.3%）
外來語 15 個（5.0%）
範圍外 35 個（11.7%）

小學程度 63 個（21.0%）
初中程度 174 個（58.0%）

掃描QR碼
每個單元第二頁右上方提供該單元單字及例句發音的QR碼，隨時可以訓
練正確的發音。

目錄

別小看小學生必學的基礎字彙！

小學基礎字彙 200

教育部制定小學畢業要學會的 800 單字
精選 200 個小學英文教科書中的基礎單字

完全征服200
基本單
Go Go～

Step ✌ 首先，將單字的中譯遮住。
如果你知道這個英文單字的意思，請在□內打勾。

Step ✌ 再來，將英文單字的部分遮住。
如果你知道這個中文解釋的英文，請在〇內打勾。

	✔	英文字彙	中譯	✔
1	☐	address	地址	〇
2	☐	again	再次，又	〇
3	☐	always	總是	〇
4	☐	animal	動物	〇
5	☐	another	另一個（的）	〇
6	☐	April	四月	〇
7	☐	astronaut	太空人	〇
8	☐	August	八月	〇
9	☐	bake	烘烤	〇
10	☐	bank	銀行	〇
11	☐	beautiful	美麗的	〇
12	☐	because	因為	〇
13	☐	behind	在～（的位置）後面	〇
14	☐	believe	相信	〇
15	☐	between	在～（兩者）的中間	〇
16	☐	bookstore	書店	〇
17	☐	borrow	借來	〇

	☑	英文字彙	中譯	✓
18	☐	break	打破	○
19	☐	breakfast	早餐	○
20	☐	bridge	橋樑	○
21	☐	bring	帶來	○
22	☐	broom	掃帚	○
23	☐	brush	刷子	○
24	☐	busy	忙碌的	○
25	☐	buy	購買	○
26	☐	calendar	日曆	○
27	☐	call	打電話，稱呼	○
28	☐	carry	攜帶，搬運	○
29	☐	cheap	（價格）便宜的	○
30	☐	cheer	歡呼，鼓勵	○
31	☐	chef	主廚	○
32	☐	child	小孩，兒童	○
33	☐	circle	圈	○
34	☐	cloth	布料，織物	○
35	☐	congratulate	祝賀	○
36	☐	cousin	堂（或表）兄弟姐妹	○
37	☐	crosswalk	行人穿越道	○
38	☐	customer	顧客，客戶	○

		英文字彙	中譯	
39	☐	dear	親愛的，珍貴的	◯
40	☐	December	十二月	◯
41	☐	delicious	美味的	◯
42	☐	dentist	牙醫	◯
43	☐	dinner	晚餐	◯
44	☐	doll	玩偶	◯
45	☐	draw	畫（圖），吸引	◯
46	☐	drink	喝	◯
47	☐	during	在～期間	◯
48	☐	early	早的，提早的	◯
49	☐	earth	地球	◯
50	☐	eat	吃	◯
51	☐	everyone	每個人	◯
52	☐	exam	考試，檢查	◯
53	☐	excuse	理由，藉口	◯
54	☐	fail	失敗	◯
55	☐	family	家庭	◯
56	☐	fasten	紮牢，繫緊	◯
57	☐	favorite	最喜愛的	◯
58	☐	February	二月	◯
59	☐	feed	餵養（米飯、牛奶等）	◯

		英文字彙	中譯	
60	☐	fever	發燒，發熱	◯
61	☐	field	場地	◯
62	☐	find	找到	◯
63	☐	fix	修理	◯
64	☐	floor	地板，樓層	◯
65	☐	forget	忘記	◯
66	☐	front	前面，正面	◯
67	☐	give	給予	◯
68	☐	glove	手套	◯
69	☐	grade	等級，成績	◯
70	☐	graduate	畢業	◯
71	☐	grandfather	（外）祖父	◯
72	☐	grandmother	（外）祖母	◯
73	☐	great	（數量，規模）大的，極好的	◯
74	☐	guess	猜測	◯
75	☐	habit	習慣，習性	◯
76	☐	handsome	英俊的，美好的	◯
77	☐	headache	頭痛	◯
78	☐	health	健康	◯
79	☐	heavy	重的	◯
80	☐	history	歷史	◯

	☑	英文字彙	中譯	✓
81	☐	hold	握著，保持	○
82	☐	holiday	節日，假日	○
83	☐	homework	家庭作業，在家的工作	○
84	☐	hospital	醫院	○
85	☐	however	然而	○
86	☐	hundred	百的，100	○
87	☐	hurry	催促	○
88	☐	interest	興趣，利息	○
89	☐	January	一月	○
90	☐	job	工作	○
91	☐	join	加入，和～一起	○
92	☐	July	七月	○
93	☐	June	六月	○
94	☐	kitchen	廚房	○
95	☐	know	知道，認識	○
96	☐	last	上一個的，最後的	○
97	☐	late	遲的	○
98	☐	learn	學習	○
99	☐	letter	信	○
100	☐	library	圖書館	○
101	☐	listen	聆聽，注意（聽）	○

	✓	英文字彙	中譯	✓
102	☐	lose	丟失	○
103	☐	lunch	午餐	○
104	☐	make	做到	○
105	☐	map	地圖	○
106	☐	March	三月	○
107	☐	mathematics	數學	○
108	☐	matter	事情	○
109	☐	May	五月	○
110	☐	medicine	醫藥，醫學	○
111	☐	middle	中間的，中等的	○
112	☐	minute	分鐘（時間單位）	○
113	☐	mistake	錯誤	○
114	☐	month	（日曆上的）月	○
115	☐	mountain	山	○
116	☐	move	移動	○
117	☐	museum	博物館	○
118	☐	near	近的	○
119	☐	need	需要	○
120	☐	newspaper	報紙	○
121	☐	next	下一個的，緊臨的	○
122	☐	November	十一月	○

	✓	英文字彙	中譯	✓
123	☐	nurse	護士	○
124	☐	October	十月	○
125	☐	office	辦公室	○
126	☐	often	常常，時常	○
127	☐	old	老的，舊的	○
128	☐	onion	洋蔥	○
129	☐	palace	皇宮	○
130	☐	paper	紙	○
131	☐	people	人們	○
132	☐	photograph	照片	○
133	☐	plane	飛機	○
134	☐	plant	工廠，（樹等）植物	○
135	☐	pool	水池	○
136	☐	practice	練習，實踐	○
137	☐	problem	問題	○
138	☐	question	問題，疑問	○
139	☐	quiet	安靜的	○
140	☐	rainbow	彩虹	○
141	☐	read	讀	○
142	☐	rest	休息	○
143	☐	restaurant	餐廳	○

	☑	英文字彙	中譯	✓
144		restroom	洗手間	
145		ride	乘坐（馬匹，腳踏車等）	
146		river	河	
147		room	房間	
148		salt	鹽	
149		say	說	
150		science	科學	
151		seatbelt	安全帶	
152		send	寄送	
153		September	九月	
154		ship	船艦，飛艇	
155		sick	生病的，想嘔吐的	
156		sleep	睡，睡眠	
157		snake	蛇	
158		sour	酸的，乖戾的	
159		spicy	辛辣的	
160		stairs	樓梯	
161		station	站	
162		stay	停留	
163		stomachache	胃痛，腹痛	
164		store	商店，貯存	

	☑	英文字彙	中譯	⊘
165	☐	straight	直的，挺直的	○
166	☐	strawberry	草莓	○
167	☐	strong	強壯的	○
168	☐	study	研讀	○
169	☐	subject	科目，主題	○
170	☐	talent	天才，有才能的人	○
171	☐	talk	談話	○
172	☐	textbook	教科書	○
173	☐	than	（用於比較級）比起～	○
174	☐	think	思考，想	○
175	☐	thousand	千，1000	○
176	☐	tired	疲倦的	○
177	☐	together	一起	○
178	☐	tomorrow	明天	○
179	☐	toothache	牙痛	○
180	☐	tradition	傳統	○
181	☐	trash	垃圾	○
182	☐	trip	旅行	○
183	☐	try	嘗試	○
184	☐	umbrella	雨傘	○
185	☐	uncle	伯叔	○

	☑	英文字彙	中譯	✓
186	☐	vacation	假期	◯
187	☐	vegetable	蔬菜	◯
188	☐	wait	等待	◯
189	☐	wall	牆，壁	◯
190	☐	want	想要	◯
191	☐	warm	溫暖的	◯
192	☐	wash	洗	◯
193	☐	weather	天氣	◯
194	☐	weekend	週末	◯
195	☐	work	工作	◯
196	☐	worry	擔心	◯
197	☐	write	書寫	◯
198	☐	wrong	錯誤的，不對的	◯
199	☐	year	年，一年	◯
200	☐	yesterday	昨天	◯

最後，請掃描 QR 碼
聽聽這些單字的發音吧！

學習字根必備的
300個基礎字彙

征服 200 個基礎單字之後～

現在，我們應該用字根來擴充單字量了吧？

字根記單字
Jump!

up-
往上

各位是否聽過嘻哈歌手為了吸引台下群眾，大喊「舉起手來！」？這句話的英文就是 Put your hands up!，就是「將你的雙手舉起（up）。像是 Stand up.（（本來坐著）站起來。）、Get up.（（本來躺著）起床。），都指出 up 是「（方向）往上」的意思。

---

update [ʌp`det]　[`ʌpdet]　| **up**（往上）+ **date**（日期）→ 將日期更改至最上方（最近）

動 更新，告知～（某人）最新消息　名 更新，最新消息

She **updates** her posts every day on her social media.
她每天在她的社交媒體上更新她的貼文。
I heard a news **update** just now.
就在剛才我聽到一個最新消息。

更新 → u p ☐ ☐ ☐ ☐

upgrade [ʌpˋgred]

up（往上）+ grade（等級）→ 提升，使升級

動 升級，提高～（機器，系統…）的等級

I will **upgrade** my computer tomorrow.
我明天將升級我的電腦。

You have to **upgrade** your skills first.
您必須先提升自己的技能。　　* skill: 技能，技術

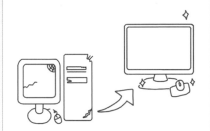

升級 ➜

upside [ʌpˋsaɪd]

up（往上）+ side（邊，面）→（在一條線上）往上凸起部分

名（在不好的狀況中）好的一面；上面

There's an **upside** to the story.
這故事有好的一面。

Can you stand **upside**-down?
你會倒立嗎？　　* upside-down：倒掛的，顛倒的

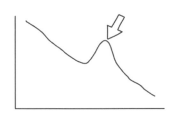

往上的部分 ➜

upset [ʌpˋsɛt]

up（往上）+ set（放置）→（將底部）往上放置（翻過來）

動 使心煩，把（好心情）打翻　　形 心煩的，生氣的

His letter **upset** me.
他的信使我不開心。

I was so **upset** because my brother broke the toy.
我很生氣，因為我弟弟把玩具摔壞了。

使心煩意亂 ➜

upright [ˋʌpˏraɪt]

up（往上）+ right（正確，直接的）→ 挺直的

副（姿勢）挺直地，直立地　　形 挺直的，直立的

Sit **upright**, please.
請坐直。

Keep the water bottle **upright**.
保持水壺直立。

直立的 ➜

fore

預先（**before**），
前（**front**）

> fore 有兩種含義。首先，是與「時間」有關的「在～以前（ago, 以前）」，所以「before + 事件」就是「在～（某事發生）之前」。第二個意思與「位置」有關，表示「前面（front）」。

---

before [bɪ`for]

be（造成）+ **fore**（預先，在前）➔ 在以前

介 在～（時間／位置）之前

You should wash your hands **before** eating.
您應該在吃飯前洗手。

Your name is **before** mine on the list.
在這列表中，你的名字在我的前面。

在～以前 ➔ ☐ ☐ f o r e

---

forefather [`for͵faðɚ]

fore（在前）+ **father**（父親）➔ 在爸爸的前面（上一代）

名 祖先，前輩

The Great King Sejong is my **forefather**.
世宗大王是我的祖先。

I went to visit the graves of my **forefathers**.
我去祭拜我祖先的墳墓。　　*grave：墳墓，墓穴

祖先 ➔ ☐☐☐☐☐☐☐☐☐☐☐

foresee [for`si]

fore (預先，在前) + **see** (看見) → 預先看見

動 預先看見（未來的事情）

We can't **foresee** the future.
我們無法預見未來。

He has the power to **foresee** the future.
他有能力預知未來。　　* power：能力，力量

預知 ➜ ☐☐☐☐☐☐☐

forecast [`for͵kæst]

fore (預先，在前) + **cast** (投擲) → 預先丟擲出（知道未來事）

動 預測，預報　名 預測，預報

Rain is **forecast** for tomorrow.
預報明天會下雨。

What is the **forecast** for the day?
當天的天氣預報如何？

預報 ➜ ☐☐☐☐☐☐☐☐

forever [fə`ɛvə]

fore (在前) + **ver** (= ever 始終, 總是) → 總是跟以前一樣

副 永遠，總是

I'll like the singer **forever**!
我會永遠喜歡那位歌手！

I'll love you **forever**!
我會永遠愛你！

永遠 ➜ ☐☐☐☐☐☐☐

forehead [`for͵hɛd]

fore (前) + **head** (頭) → 頭的前面 → 額頭

名 額頭

He wiped his **forehead** with his hand.
他用手擦了一下他的額頭。　　*wipe：擦拭

He has a high **forehead**.
他的額頭很高。

額頭 ➜ ☐☐☐☐☐☐☐☐

Activity 1 先想想這個字根的含義，完成以下單字字母填空，然後根據單字的意思連結到對應的圖片。

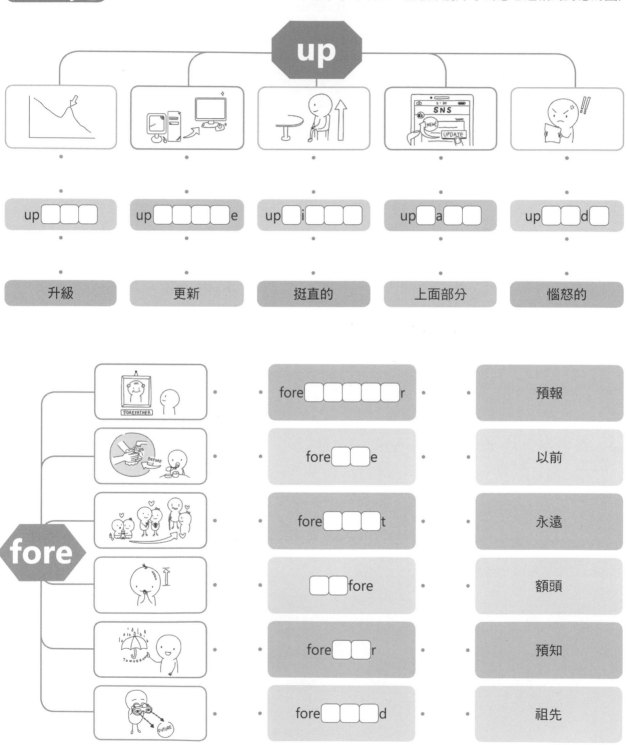

up

up □□□	up □□□□e	up □i□□□	up □a□□	up □□d□
升級	更新	挺直的	上面部分	惱怒的

fore

- fore □□□□□r — 預報
- fore □□e — 以前
- fore □□□t — 永遠
- □□fore — 額頭
- fore □□r — 預知
- fore □□□d — 祖先

Activity ② 請根據以下 單字表，完成句子中的單字填空，以及右方的拼圖。

單字表　forecast　upset　update　forever　before　foresee

[橫向]

❶ We can't _____ the future.

我們無法預見未來。

❷ His letter _____ me.

他的信讓我感到氣憤。

[縱向]

❸ You should wash your hands _____ eating.

您在吃飯前應該先洗手。

❹ I'll like the singer _____!

我會永遠喜歡那位歌手！

❺ I heard a news _____ just now.

我剛剛聽到一則最新消息。

❻ Rain is _____ for tomorrow.

天氣預報明天會下雨。

Activity ③ 依句意填入適當的單字，並完成以下句中□的字母填空，然後根據數字順序寫出正確的單字。

1 He wiped his □□□□□**[6]**□□ with his hand. 他用手擦了一下他的額頭。

2 The Great King Sejong is my □□**[3]**□□□**[7]**□□□. 世宗大王是我的祖先。

3 I will □**[2]****[5]**□□□□ my computer tomorrow. 我明天將升級我的電腦。

4 There's an □□□**[4]**□□ to the story. 這則故事有正向的一面。

5 Sit **[1]**□□□□□□, please. 請坐直。

→ **[1]**□ **[2]**□ **[3]**□ **[4]**□ **[5]**□ **[6]**□ **[7]**□ = □□□□□□□□□□

29

pre-, pro- 前（front），以前（before），預先

pre-, pro-

1. 前 (front)
2. 以前 (before)，預先

您可曾在週末夜晚為了要找到某個 TV Program 而搜尋了每一個頻道？program 這個字是字根 pro（前，預先）與 gram（寫）的結合，它的意思是，在節目開始播映之前「預先寫好」的行程表。pre 與 pro 具有相同的含意，放在單字字首時表示「前（front）以及「以前（before）」。

---

present [ˋprɛznt]	**pre**（前）**+ sent**（=**send** 送出）➜ 發送～（給某人） ➜ 送禮物給～（某人）

形 在場的，出席的　名 禮物

My mom is **present** for my concert.
我媽媽會出席我的音樂會。

I want to get a smartphone for my birthday **present**.
我希望我的生日禮物是一支智慧型手機。

禮物 ➜ | p | r | e | | | | |

preview [`pri‚vju]

pre(在前，預先)＋**view**(觀看) → 預先看過

名 預習，（電影）試映　動 預先檢視／瀏覽

I went to the movie **preview** yesterday.
我昨天去看了這部電影的試映。

From now on, I'll **preview** well.
從現在開始，我會做好預習。

電影試映 ➜ ☐☐☐☐☐☐☐

previous [`priviəs]

pre(在前，預先)＋**vi**(方法)＋**ous** → 以前用過的方法

形 以前的，先前的

He broke the **previous** record.
他打破了先前的記錄。

I can't go there because of a **previous** promise.
我因為先前承諾過，所以我不會去那裡。

先前的 ➜ ☐☐☐☐☐☐☐☐

prepare [prɪ`pɛr]

pre(在前，預先)＋**pare**(準備) → 預先準備

動 準備；將～準備好　名 preparation 準備，預備

I **prepared** tomorrow's lessons.
我準備好明天的課程了。

I started to **prepare** my brunch.
我開始準備我的早午餐。

準備 ➜ ☐☐☐☐☐☐☐

predict [prɪ`dɪkt]

pre(在前，預先)＋**dict**(說) → 預先說

動 預測，預言　名 prediction 預言，預報

You can't **predict** the winning team.
您無法預測哪個球隊會獲勝。

It is difficult to **predict** the weather nowadays.
現在的天氣是很難預測的。　　*nowadays：當今，近日

預測 ➜ ☐☐☐☐☐☐☐

profit [`prɑfɪt]

pro（往前）＋ **fit**（製造）→（生意上）往前繼續製造（會有收益）

名（金錢上的）收益，獲利，利潤

I split the **profit** with her.
我將獲利分給她。　　*split：劃分，切開

He made a big **profit** this year.
他今年賺大錢了。

獲利 ➡  | p | r | o | | | |

project [`prɑdʒɛkt] [prə`dʒɛkt]

pro（往前）＋ **ject**（投擲）→ 將（未來計畫）往前投擲在眼前
　　　　　　　　　　　　　　➡ 往（明亮的）前方扔

名 專案，計畫　動 訂定～計畫，投射～（光線，圖像等）

We are working together on a **project**.
我們正一起在進行一項專案。

Our teacher **projected** the image on a screen.
我們老師將影像投映在一個螢幕上。

專案 ➡

process [`prɑsɛs]

pro（往前）＋ **cess**（= **go** 行進）➡ 往前進

名 過程，進度　動 加工，處理

Do you know the **process** of making milk?
您知道牛奶的製造過程嗎？

Processed food is bad for the body.
加工食品對身體有害。

過程 ➡

protect [prə`tɛkt]

pro（往前）＋ **tect**（= **cover** 蓋住）➡（事先準備好）往前蓋住

動 保護，防衛，警戒　名 protection 保護，防護

I will **protect** my son.
我會保護我的兒子。

People have to **protect** the environment.
人們必須保護環境。　　*environment：環境

保護 ➡

propose [prəˈpoz]

pro（往前）**+ pose**（放置）→ 把（提案）往前擺放
→ 把（戒指）往前擺放

動 提案，建議；求婚

I will **propose** a new plan at the meeting.
我將在會議上提出一項新計畫。

He got down on one knee and **proposed** to his girlfriend.
他單膝跪下並向他的女友求婚。

提案 → ☐☐☐☐☐☐☐

promise [ˈprɑmɪs]

pro（往前）**+ mise**（傳送）→ 往前傳送（話語）

動 答應， 名 承諾

I **promise** to bring you a present.
我承諾要給你一份禮物。

His **promise** was a big lie.
他的諾言是一大謊言。

承諾 → ☐☐☐☐☐☐☐

這個也要知道！ **英文諺語**

Be slow to _____, but quick to perform.

敏於事而慎於言。　　　　　　　*perform：履行，執行

答案：promise

Fun Quiz

pre

pre☐☐n☐	pre☐☐☐☐s	pre☐a☐☐	pre☐☐c☐	pre☐☐☐w
準備	預測	禮物	以前的	試映

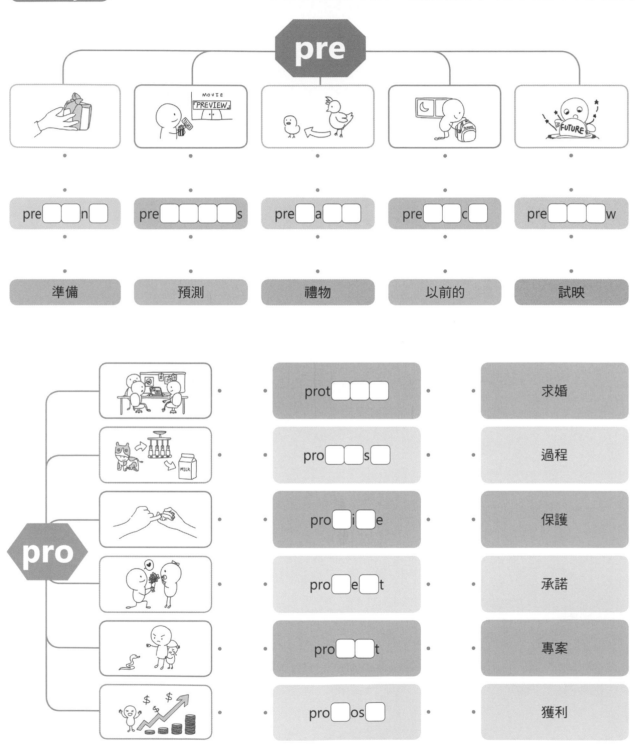

pro

prot☐☐☐		求婚
pro☐☐s☐		過程
pro☐i☐e		保護
pro☐e☐t		承諾
pro☐☐t		專案
pro☐os☐		獲利

34

Activity 2 請根據以下 單字表，完成句子中的單字填空，以及右方的拼圖。

單字表　prepare　　process　　promise　　present　　propose　　previous

1　He broke the _____ record.
他打破了先前的記錄。

2　My mom is _____ for my concert.
我媽媽來出席我的音樂會。

3　I _____d tomorrow's lessons.
我準備好明天的課程了。

4　Do you know the _____ of making milk?
您知道牛奶的製造過程嗎？

5　He _____d to his girlfriend.
他向他的女友求婚。

6　His _____ was a big lie.
他的承諾是一大謊言。

E	R	A	P	A	C	P	T	S	O
S	C	S	S	E	D	N	P	R	P
I	P	O	P	S	E	A	E	A	S
M	R	M	R	S	C	T	S	O	R
O	P	R	E	P	A	R	E	A	C
R	O	R	V	S	A	P	V	T	S
P	P	O	I	D	M	I	S	E	V
R	P	R	O	C	E	S	S	C	S
T	R	P	U	C	S	R	U	O	V
U	C	E	S	O	P	O	R	P	U

Activity 3 按照正確的字母順序，完成以下句子空格中的單字拼寫。

1　**rpeivew** → I went to the movie _____ yesterday.
我昨天去看這部電影的試映。

2　**fipotr** → I split the _____ with her.
我將獲利分給了她。

3　**ictderp** → You can't _____ the winning team.
您無法預測獲勝的隊伍。

4　**rptecjo** → We are working together on a _____.
我們將共同合作一個專案。

5　**roecttp** → People have to _____ the environment.
人們必須保護這個環境。

ex- 出（out）

ex-
出 (out)

您可曾去過麗水世博會（Expo）？Expo 是 exposition 的簡寫，它是由字根 ex（出）及 -pos-（= put 放置）結合而成，意思是「擺放出來給人們觀賞」，所以是「展覽」或「博覽會」的意思。在樓梯間或長廊通道，會看到的緊急出口標示 exit，也說明了它的字首為何是用 ex- 了。

exit [ˋɛksɪt]

ex（出）+ **it**（=**go** 走）→ 走出去

名 出口　動 出去

Where is the **exit**?
出口在哪裡？
He **exited** via a fire door.
他經由一個防火門出去。　　*fire door：緊急出口，逃生門

出口 ➜ | e | x | | |

example [ɪgˋzæmp!]

ex (出) + ample (拿，取) ➜ 拿出來（給別人看）的東西

名 例子，範本

That may be a good **example** to other countries.
對於其他國家來說，那可能是一個很好的範例。

Your courage is an **example** to us all.
您的勇氣是我們所有人的榜樣。   *courage：勇氣

例子 ➜ ☐☐☐☐☐☐☐

exercise [ˋɛksɚˏsaɪz]

ex (出) + er + cise (剪，切) ➜ 將（體內脂肪）切出去

名 運動，鍛煉 動 練習，運動，操練

Running is good **exercise**.
跑步是很好的運動。

You should **exercise** three times a week.
您應該一週運動三次。

運動 ➜ ☐☐☐☐☐☐☐☐

express [ɪkˋsprɛs]

ex (出) + press (按壓) ➜ 將（內心想法）按壓出去
➜ 將（火車等）按壓出去

動 表達，表示 名 特快列車，高速巴士 名 expression 表達，表示

Expressing our love to our family is important.
向家人表達我們的愛很重要。

The **express** started from Seoul on time.
這班特快列車準時從首爾出發。

表達 ➜ ☐☐☐☐☐☐☐

exceed [ɪkˋsid]

ex (出) + ceed (行走) ➜ 走出，超過（限制的範圍）

動 超過，超出 名 excess 過度示

You must not **exceed** the speed limit.
你絕對不可以超速。

Do not **exceed** the dose.
不要超過劑量。   *dose: 1 劑（的量）

超過 ➜ ☐☐☐☐☐☐

exact [ɪgˈzækt]

ex (出) + **act** (強取，堅持) ➜ （強烈地）堅持要取出

形 精確的，精準的　副 **exactly** 精確地

What were her **exact** words?
她到底是在說什麼？

What is the **exact** date they will arrive?
他們會抵達的確切日期是何時？　*arrive：到達

精準的 ➜ ☐☐☐☐☐

exclude [ɪkˈsklud]

ex (出) + **clude** (=close 關閉) ➜ 將～（一個接一個地）關在外面

動 排除，不包括　名 **exclusion** 排斥，被排除的事物

Try **excluding** fat from your diet.
試著從你的飲食中將脂肪排除掉。

They **excluded** me from the group.
他們把我排除在這組之外。

排除 ➜ ☐☐☐☐☐☐☐

expose [ɪkˈspoz]

ex (出) + **pose** (放置) ➜ 放在外面

動 暴露，使曝光　名 **exposition** 闡述；說明

Don't **expose** your skin to the sun too much.
勿將您的皮膚過度暴露在陽光下。

She was **exposed** as a liar.
她騙子的身份被揭發了。

暴露 ➜ ☐☐☐☐☐☐

extend [ɪkˈstɛnd]

ex (出) + **tend** (拉伸，伸展) ➜ 伸展開來

動 伸展，延伸，擴展　名 **extent** 限度；範圍

I **extended** my cell phone contract.
我延長了手機的合約。　*contract：合約

The no-smoking area has been **extended**.
該禁煙區已被擴大了。

延伸 ➜ ☐☐☐☐☐☐

expensive [ɪk`spɛnsɪv]	**ex** (出) + **pen** (＝penny 貨幣，錢) + **sive** → 超出（所能負擔的）金錢

形 貴的，高價的　反 cheap 便宜的

I can't afford it; it's too **expensive**.
我無法負擔；它太貴了。　　*afford：負擔得起（時間、金錢等）
Watermelons are very **cheap** in summer.
夏天的西瓜很便宜。

貴的 → ☐☐☐☐☐☐☐☐☐

exchange [ɪks`tʃendʒ]	**ex** (出) + **change** (交換) → 取出（東西）來交換

動 交換，交流　名 交換，交流，匯兌

My friend and I **exchange** presents on Christmas.
我和我的朋友在聖誕節交換禮物。
What's the current rate of **exchange**?
目前的匯率是多少？　　*rate：比率

交換 → ☐☐☐☐☐☐☐☐

💡 這個也要知道！ **特別補充單字**

clude 關閉 (＝ close, shut)

- **include**　　in (在內) + clude (＝ close 關閉) → 動 包括
- **conclude**　　con (＝ com 一起) + clude (＝ close 關閉) → 動 結論

- **closet**　　clos (＝ close 關閉) + et (小的) 收起小東西（在任何地方）→ 名 衣櫥
- **disclose**　　dis (否定) + close (關閉) →「關閉」的相反 → 打開 → 動 揭露

Fun Quiz

先想想這個字根的含義，完成以下單字字母填空，然後根據單字的意思連結到對應的圖片。

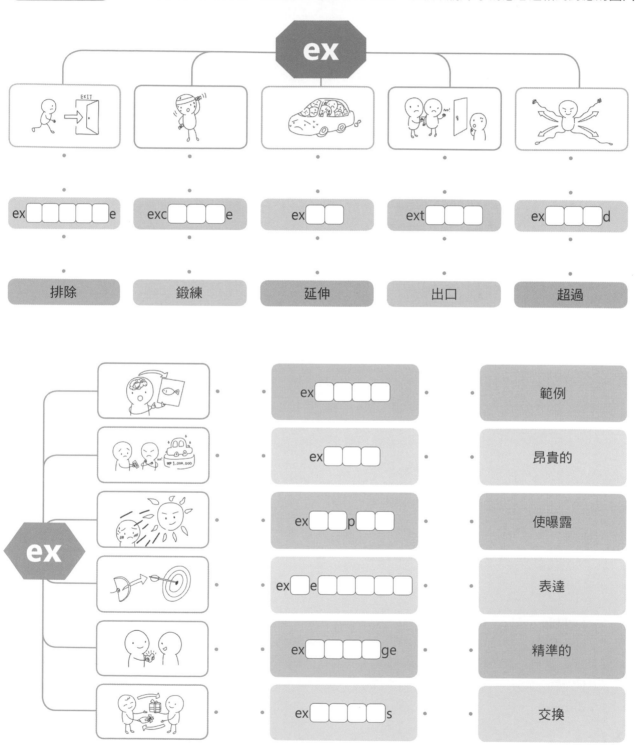

ex

ex☐☐☐☐e　　exc☐☐☐e　　ex☐☐　　ext☐☐☐　　ex☐☐☐d

排除　　鍛練　　延伸　　出口　　超過

ex

ex☐☐☐☐　　範例

ex☐☐☐　　昂貴的

ex☐☐p☐☐　　使曝露

ex☐e☐☐☐☐☐　　表達

ex☐☐☐☐ge　　精準的

ex☐☐☐☐s　　交換

Activity ❷ 請根據以下 單字表 ，完成句子中的單字填空，以及右方的拼圖。

單字表　example　exact　expose　exit　expensive　exchange

[橫向]

❶ My friend and I _____ presents on Christmas.

我和我的朋友在聖誕節交換禮物。

❷ What were her _____ words?

她到底說了什麼？

❸ Where is the _____?

出口在哪裡？

❹ Don't _____ your skin to the sun too much.

不要讓皮膚過度暴露在陽光下。

[縱向]

❺ I can't afford it; it's too _____.

我無法負擔；它太貴了。

❻ That may be a good _____ to other countries.

對於其他國家來說，那可能是一個很好的範例。

Activity ❸ 依句意填入適當的單字，並完成以下句中□的字母填空，然後根據數字順序寫出正確的單字。

1 Running is good [❶□□□□□□□]. 跑步是一項很好的運動。

2 [❷□□□□□□□]ing our love to our family is important. 向家人表達我們的愛很重要。

3 You must not [□□□□❹□□] the speed limit. 你絕對不可以超速。

4 They [□□□□□❻□]d me from the group. 他們把我排除在這組之外。

5 I [□□❸□❺□□]ed my cell phone contract. 我延長了手機的合約。

→ [❶□][❷□][❸□][❹□][❺□][❻□] = [_____]

41

un- 否定（not），反對

un-

1. 否定（not）
2. 反對

許多老外對於一件事情感到相當驚訝或不可置信時，會說 Oh my god!，然後可能接著說 Unbelievable!。unbelievable 是「不可置信的」，它是在 believable（可相信的）前面加上 un- 這個字首而成。也就是說，un- 表示「否定」或「反對」。

---

unhappy [ʌnˋhæpɪ]　　　un（否定）+ happy（快樂的）➜ 不快樂的

形 不幸福的，不愉快的　　反 happy 快樂的

I had a very **unhappy** childhood.
我有一個非常不愉快的童年。　　*childhood：童年時期

I wish you a **Happy** New Year.
祝您新年快樂。

不愉快的 ➜ | u | n | | | | | |

unkind [ʌnˋkaɪnd]

un (否定) + kind (友善的) → 不友善的

形 不仁慈的，不友善的　反 kind 仁慈的

You are very **unkind** to do that.
您那樣做實在非常刻薄。

It is very **kind** of you to lend me the pen.
你很好心借給我這支筆。

不友善的 ➔ ☐☐☐☐☐☐

uneasy [ʌnˋizɪ]

un (否定) + easy (容易的，舒適的) → 不舒適的

形 不安的，不舒服的　反 easy 容易的，舒適的

She felt **uneasy**.
她感到不安。

Swimming is an **easy** exercise for me.
游泳對我來說是一項很輕鬆的運動。

不安的 ➔ ☐☐☐☐☐☐

unclear [ʌnˋklɪr]

un (否定) + clear (清楚的，明瞭的) → 不清楚的

形 不清楚的，不明白的　反 clear 清楚的

Her answer was **unclear**.
她的回答不清楚。

You must do this. Is that **clear**?
您必須這麼做。清楚了嗎？

不清楚的 ➔ ☐☐☐☐☐☐☐

unlucky [ʌnˋlʌkɪ]

un (否定) + lucky (幸運的) → 不幸運的

形 不幸的；倒霉的　反 lucky 幸運的

Four is an **unlucky** number.
「4」是個不祥的數字。

It's my **lucky** day!
今天是我的幸運日！

不幸的 ➔ ☐☐☐☐☐☐

unnatural [ʌnˈnætʃərəl]

un (否定) + natural (自然的，天然的) → 不自然的

形 不自然的　反 natural 自然的，天然的

It is **unnatural**.
這是不自然的。

Is Jane a **natural** blonde?
Jane 是個天生的金髮女子嗎？　*blonde：白膚金髮碧眼的女人

不自然的 →

uncertain [ʌnˈsɜ-tn]

un (否定) + certain (確定的) → 不確定的

形 不確定的，不特定的　反 certain 特定的

His answer was **uncertain**.
他的回答是不確定的。

Are you **certain** about this?
你確定是這樣嗎？

不確定的 →

unusual [ʌnˈjuʒʊəl]

un (否定) + usual (通常的) → 不像往常一樣的

形 不尋常的，稀有的　反 usual 普通的，平常的

He has an **unusual** name.
他有個不尋常的名字。

My mother came home later than **usual**.
我母親比平時還要晚回家？

不清楚的 →

uncommon [ʌnˈkɑmən]

un (否定) + common (普通的，常見的) → 不是普通的

形 不常見的；罕見的　反 common 常見的

Large families are **uncommon** in Korea these days.
如今，大家庭在韓國並不常見。

"Minsu" is a very **common** name.
「敏書」是個很普通的名字。

罕見的 →

unlock [ʌn`lɑk]   un (否定) + lock (上鎖) → 不上鎖

動 開～（盒子、門等）的鎖　反 lock 將～上鎖

Enter the password to **unlock** the door.
輸入密碼才能打開這扇門。　　*enter：輸入，進入 *password：密碼

I forgot to **lock** the door.
我忘了鎖門。

開鎖 ➜ ☐☐☐☐☐☐

Activity 1 先想想這個字根的含義，完成以下單字字母填空，然後根據單字的意思連結到對應的圖片。

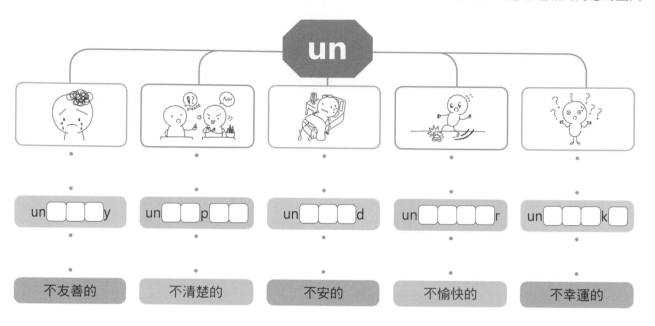

un ☐☐☐ y	un ☐☐ p ☐☐	un ☐☐☐ d	un ☐☐☐☐ r	un ☐☐☐ k ☐

| 不友善的 | 不清楚的 | 不安的 | 不愉快的 | 不幸運的 |

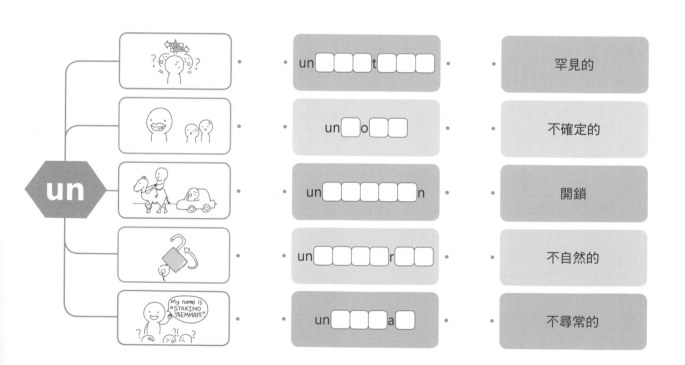

un ☐☐☐ t ☐☐☐ · · 罕見的

un ☐ o ☐☐ · · 不確定的

un ☐☐☐☐☐ n · · 開鎖

un ☐☐☐☐ r ☐☐ · · 不自然的

un ☐☐☐ a ☐ · · 不尋常的

Activity 2 請根據以下 單字表 ，完成句子中的單字填空，以及右方的拼圖。

單字表 unkind unlucky uneasy unclear unhappy

1 I had a very _____ childhood.

我有一個非常不愉快的童年。

2 You are very _____ to do that.

您那樣做實在非常刻薄。

3 She felt _____.

她感到不安。

4 Her answer was _____.

她的回答不清楚。

5 Four is an _____ number.

「4」是個不祥的數字。

E	A	S	Y	C	H	A	U	P	Y
U	R	L	C	N	U	U	D	I	R
N	U	N	E	A	N	Y	H	C	A
L	P	P	Y	H	E	N	U	R	D
U	N	E	A	S	A	Y	P	C	N
C	K	P	Y	N	S	D	E	H	I
K	P	N	I	D	Y	U	E	A	K
Y	R	I	N	R	E	A	U	N	N
R	A	E	L	C	N	U	R	U	U
U	N	C	H	P	P	Y	U	R	I

Activity 3 按照正確的字母順序，完成以下句子空格中的單字拼寫。

1 **inucertan** ➡ His answer was _____.

他的回答是不確定的。

2 **nlunartua** ➡ It is _____.

這是不自然的。

3 **uunaslu** ➡ He has an _____ name.

他有一個不尋常的名字。

4 **nmncoumo** ➡ Large families are _____ in Korea these days.

如今，大家庭在韓國並不常見。

5 **kuncol** ➡ Enter the password to _____ the door.

輸入密碼才能打開這扇門。

in- 往內，在裡面

in-
往內，在裡面

當您抵達預訂住宿的飯店時，第一件事就是要辦理入住登記（check in）。意思是說，在飯店確認（check）您的身分之後，您就可以進入（in）您的房間。所以 in 的概念就是「從外入內，停留在裡面」。在字根的觀念中，in 與 im 具有相同的意思。

---

inside [`ɪn`saɪd]	**in**（裡面）**+ side**（邊，側面）→ 往裡面那邊

副 往內，在裡面　介 在～裡面　反 outside 在外，往外，向外

You turned your socks **inside** out.
你把襪子穿反了。　*inside out：從裡朝外地
I heard a strange sound from **outside** just before.
我剛才聽到從外面傳來奇怪的聲音。　*strange：奇怪的

在裡面 ➜ | i | n | | | | |

into [ˈɪntu]

in（裡面）+ **to**（往，朝向～）➜ 朝向裡面

介 到／進入～的裡面

She walked **into** the room.
她走進這個房間。

He is always **into** other people's business.
他總是愛插手別人的事。　　*be into：對～有興趣

進入～ ➜

invite [ɪnˈvaɪt]

in（裡面）+ **vit**（生命）+ **e** ➜ 讓生命（活生生的人）進來
➜ 入內並與某人見面（為了特定目的）

動 邀請，徵求　　名 invitation 邀請函

I'd like to **invite** you to my birthday party.
我想邀請你參加我的生日聚會。

He **invited** me for contributions.
他請我去捐款。　　*contribution：捐獻

邀請 ➜

introduce [ˌɪntrəˈdjus]

in（裡面）+ **tro**（= **to** 往～）+ **duce**（引導）➜ 引導（人或事物）入內

動 介紹，引見，引進　　名 introduction 簡介，引言

Let me **introduce** Mr. Parker to you.
讓我向你介紹一下派克先生。

He **introduced** a new product to the market.
他引進一項新產品到市場上。

介紹 ➜

inform [ɪnˈfɔrm]

in（裡面）+ **form**（形式，格式）➜（為傳達訊息）放入新的形式

動 通知，告知　　名 information 資訊，消息

She **informed** me of her test score.
她已通知我她的考試成績。

He **informed** me of his decision.
他讓我知道他的決定了。

通知 ➜

input [`ɪn,pʊt]

in（裡面）+ **put**（放）➜ 將（資訊、資料等）放進去

名 輸入，投入，建議　動 輸入

Your **input** was very helpful.
您的意見非常有幫助。

Please **input** the new data into the computer.
請將新數據輸入電腦。

輸入 ➜ □□□□□

include [ɪn`klud]

in（裡面）+ **clude**（= **close** 關閉）➜ 關在（門的）裡面

動 包括　反 exclude 排除在外

Does the price **include** tax?
這價格有含稅嗎？　　*tax：稅額

Buses run every day, Mondays **excluded**.
公車每天都有行駛，除了星期一之外。

包括 ➜ □□□□□□□

involve [ɪn`vɑlv]

in（裡面）+ **volve**（旋轉）➜ 將（活動或工作）向內轉

動 使捲入（案件，罪行等），牽涉到～

Don't **involve** him in that matter.
不要將他牽扯進那件事。

It doesn't **involve** you.
那和你無關。

牽涉 ➜ □□□□□□□

income [`ɪn,kʌm]

in（裡面）+ **come**（進來）➜ （錢）進入（存摺）裡面

名 收入，收益

He has an **income** of $500 a month.
他每月的收入為 500 美元。

Many families these days have two **incomes**.
現在許多家庭都有兩份收入。

收入 ➜ □□□□□□

important [ɪmˈpɔrtnt]

im (= in 裡面) + port（港口，端口）+ ant → 進入港口的東西（通常都是重要的）

形 重要的

Health is the most **important**.
健康是最重要的。

The matter is **important** to me.
這件事對我很重要。

重要的 ➜ | i | m | | | | | | | |

這個也要知道！ 英文諺語、單字補充

Out of the frying pan _____ the fire.

剛出油鍋又入火坑。（雪上加霜。）

答案：into

收入，薪水

- **pay**   薪資的通稱，一般指「薪俸，報酬」
- **income**   一份可以賴以為生的固定收入
- **wage**   以時、日、週等計算發放的薪資，例如工廠工人的計薪
- **salary**   通常指月薪、年薪，像是一般辦公室上班族或專業人員的計薪

Activity 1 先想想這個字根的含義，完成以下單字字母填空，然後根據單字的意思連結到對應的圖片。

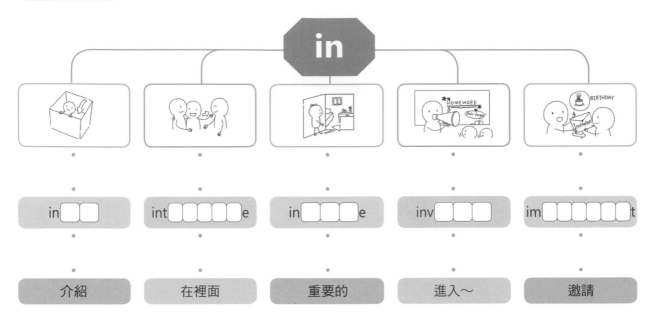

in⬚⬚

int⬚⬚⬚⬚e

in⬚⬚⬚e

inv⬚⬚⬚

im⬚⬚⬚⬚⬚t

| 介紹 | 在裡面 | 重要的 | 進入～ | 邀請 |

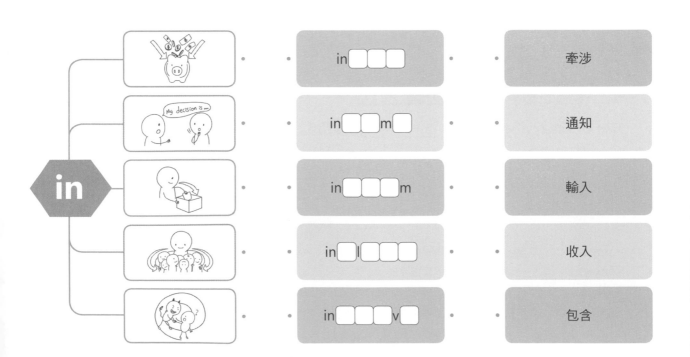

in⬚⬚⬚ — 牽涉

in⬚⬚m⬚ — 通知

in⬚⬚⬚m — 輸入

in⬚l⬚⬚⬚ — 收入

in⬚⬚⬚v⬚ — 包含

Activity 2 請根據以下 單字表 ，完成句子中的單字填空，以及右方的拼圖。

單字表　　inside　　input　　important　　introduce　　income

[橫向]

❶ Health is the most _____.

健康是最重要的。

❷ You turned your socks _____ out.

你把襪子穿反了。

❸ He has an _____ of $500 a month.

他每月的收入為 500 美元。

[縱向]

❹ Your _____ was very helpful.

您的意見非常有幫助。

❺ Let me _____ Mr. Parker to you.

讓我介紹派克先生給你認識。

Activity 3 依句意填入適當的單字，並完成以下句中□的字母填空，然後根據數字順序寫出正確的單字。

1 She walked [1]□□□□ the room. 她走進這個房間。

2 I'd like to [2]□□□□□□ you to my birthday party. 我想邀請你參加我的生日聚會。

3 She □□□□□[4]□ed me of her test score. 她通知我她的考試成績。

4 Don't □□[3]□□[6]□ him in that matter. 不要將他牽扯進那件事。

5 Does the price □□□□[5]□[7]□ tax? 這價格有含稅嗎？

→ [1]□ [2]□ [3]□ [4]□ [5]□ [6]□ [7]□ = □

53

in-
否定（not）

in- 的第二個意思是「否定（not）」。8 月 15 日是韓國的光復節，亦稱「獨立日」，慶祝結束日本殖民統治。「獨立」的英文是 independence，是由表「否定」的 in- 與 dependence（依靠）結合而成。因此，請記得韓國的光復節就是 Independence Day of Korea。

---

indifferent [ɪnˋdɪfərənt]

in（否定）+ **different**（不同的）→ 沒有什麼不同（所以不感興趣）

形 冷淡的，不感興趣的　　反 **different** 不同的

I'm **indifferent** to fashion.
我對流行不感興趣。

My brother and sister are really **different.**
我的哥哥和姐姐真的很不一樣。

冷淡的 → | i | n | | | | | | | | | |

54

informal [ɪn`fɔrm!]

in (否定) + formal (正式的) → 非正式的

FORMAL → INFORMAL

形 非正式的，非官方的　反 formal 正式的

I wear an **informal** blue suit every day.
我每天穿著一件非正式的藍色西裝。

He made a **formal** apology.
他正式道歉了。　　*apology：道歉

非正式的 ➜ ☐☐☐☐☐☐☐☐

invisible [ɪn`vɪzəb!]

in (否定) + vis (看見) + ible (= able 有能力的) → 沒辦法看見的

形 看不見的，隱形的　反 visible 看得見的

He felt **invisible** in the crowd.
他覺得自己在人群中是不起眼的。　　*crowd：人群

A rainbow has seven **visible** colors.
彩虹有七種顯而易見的顏色。

隱形的 ➜ ☐☐☐☐☐☐☐☐☐

independent [ˌɪndɪ`pɛndənt]

in (否定) + depend (依賴) + ent → 不依賴的

形 獨立的，自主的　反 dependent 依賴的

He's a very **independent**-minded man.
他是一個非常有獨立見解的人。

You can't be **dependent** on your parents forever.
你不能永遠依靠你的父母。

獨立的 ➜ ☐☐☐☐☐☐☐☐☐☐☐

injustice [ɪn`dʒʌstɪs]

in (否定) + just (公正的) + ice → 不公正的

名 不公正，不公平，不法　反 justice 正義，公正

I felt angry at the **injustice** of the situation.
我對這種不公平的情況感到生氣。

God is on the side of **justice**.
上帝站在正義的這一邊。

不公正 ➜ ☐☐☐☐☐☐☐

impossible [ɪm`pɑsəb!]	**im** (= **in** 否定) **+ possible** (可能的) → 不可能的

形 不可能的　反 **possible** 有可能的

It's **impossible** for me to be there before five.
我不可能在五點之前到那兒。

Is it **possible** to stay three more days?
可以再多停留三天嗎？

不可能的 → | i | m |　|　|　|　|　|　|　|　|

anti-
反對，對抗

也許你聽說過「反粉絲（anti-fan）」這一詞。它的意思是無端厭惡某位演藝界或體育界名人的人。anti- 的意思是「反對的（opposite）」此外，它還可以表示「逆的」，類似「相反的」意思。有時會以 ant- 的形式出現。

anti-fan [ˈæntɪˌfæn]

anti（反對）+ fan（迷，粉絲）→ 反粉絲

名（厭惡名流或演藝圈知名人士的）反明星者

He has no **anti-fans**.
他沒有討厭他本人的粉絲群。

What do you think of **anti-fans**?
您如何看待反粉絲？

反粉絲 → `a` `n` `t` `i` `-` ` ` ` ` ` `

antisocial [ˌæntɪˈsoʃəl]

anti（反對）+ social（社會的）→ 反社會的

形 反社會的，不愛交際的　反 social 社會的，社交的

He is friendly, but his wife is **antisocial**.
他很友善，但他太太不愛交際。

Man is a **social** animal.
人是一種社交性的動物。

反社會的 → ` ` ` ` ` ` ` ` ` ` ` ` ` ` ` ` ` ` ` `

antibody [ˈæntɪˌbɑdɪ]

anti（反對）+ body（身體）→ 反對（病菌進入）身體

名 抗體

Antibodies fight off sickness.
抗體可以抵抗疾病。　　*sickness：疾病

He discovered an anti-age **antibody**.
他發現一種抗衰老的抗體。　　*discover：發現

抗體 → ` ` ` ` ` ` ` ` ` `

Antarctic [ænˈtɑrktɪk]

ant（= anti 反對）+ arctic（北極）→ 與北極相反

形 南極（地區）的　名 the Antarctic 南極　反 Arctic 北極的, the Arctic 北極

The **Antarctic** is cold.
南極地區很冷。

The **Arctic** ice is melting.
北極冰正在融化。

南極 → `A` `n` `t` ` ` ` ` ` ` ` ` ` `

Fun Quiz

Activity ① 先想想這個字根的含義，完成以下單字字母填空，然後根據單字的意思連結到對應的圖片。

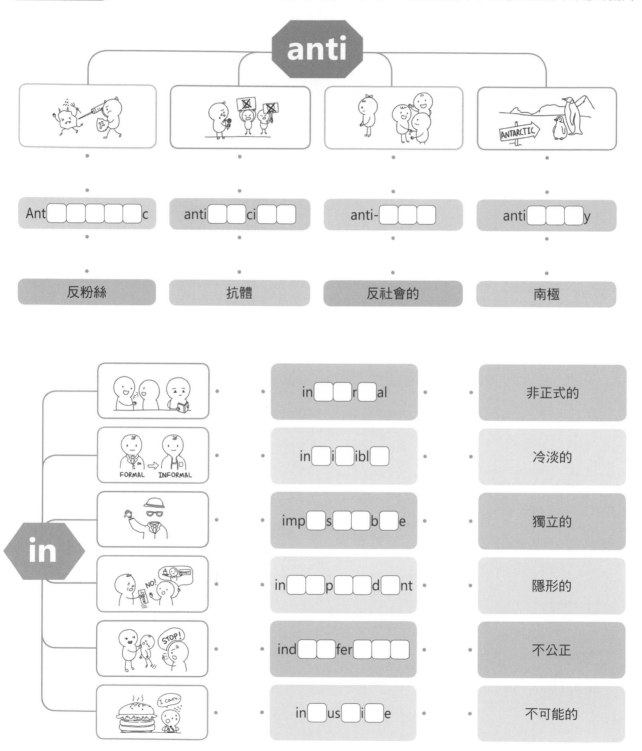

anti

Ant☐☐☐☐☐c

anti☐☐ci☐

anti-☐☐☐

anti☐☐☐y

反粉絲

抗體

反社會的

南極

in

in☐☐r☐al

in☐i☐ibl☐

imp☐s☐☐b☐e

in☐☐p☐☐d☐nt

ind☐☐fer☐☐☐

in☐us☐i☐e

非正式的

冷淡的

獨立的

隱形的

不公正

不可能的

Activity ② 請根據以下 單字表，完成句子中的單字填空，以及右方的拼圖。

單字表　independent　impossible　informal　invisible　indifferent　injustice

1 I'm _____ to fashion.

　我對流行時尚不感興趣。

2 I wear an _____ blue suit every day.

　我每天穿著一件非正式的藍色西裝。

3 He felt _____ in the crowd.

　他覺得自己在人群中是不起眼的。

4 He's a very _____-minded man.

　他是一個非常有獨立見解的人。

5 I felt angry at the _____ of the situation.

　我對這種不公正的情況感到生氣。

6 It's _____ for me to be there before five.

　我不可能在五點之前到那兒。

N	I	M	P	O	S	S	I	B	L	E	L
S	D	C	I	S	M	L	N	S	M	E	T
E	D	N	E	F	R	T	D	N	U	R	O
B	I	C	R	V	O	S	I	E	I	C	E
E	N	F	M	A	L	M	F	N	O	R	T
F	D	P	E	S	O	R	F	J	E	M	L
M	E	U	J	B	V	O	E	I	L	S	I
L	P	R	S	L	R	C	R	E	B	P	M
P	E	O	B	M	L	O	E	T	I	L	B
I	N	S	A	L	M	R	N	F	S	A	S
D	D	L	I	M	F	S	T	B	I	E	N
M	E	J	B	O	I	M	S	I	V	N	T
S	N	U	S	T	I	C	E	V	N	S	L
B	T	O	R	E	T	S	I	D	I	F	D
E	S	R	I	N	J	U	S	T	I	C	E

Activity ③ 按照正確的字母順序，完成以下句子空格中的單字拼寫。

1 **nasoalciti** ➜ He is friendly, but his wife is _____.

　他很友善，但他的妻子卻不愛交際。

2 **yobdiant** ➜ He discovered an anti-age _____.

　他發現了一種抗衰老的抗體。

3 **tafanin** ➜ He has no _____s.

　他沒有反粉絲。

4 **icartanct** ➜ The _____ is cold.

　南極地區是寒冷的。

re- 返回（back），重新，再次（again）

re-

**返回（back），
重新，
再次（again）**

你應該知道汽車排檔桿下方的 R 檔是用來將車子「倒退」的吧？R 代表的是 reverse。reverse 是由 re-（返回）與 verse（轉）結合而成，意思是「轉回去」、「倒退」。亦即，re- 有「往後退」的意思。此外，就像你排隊購物完可能再回過頭重新排一次，re- 也有「回到原點，重新再來」的意思。

return [rɪ`tɜ·n]	**re**（返回）＋ **turn**（轉彎）→ 轉回來

動 返回，回復，歸還　名 歸還，退回

I waited a long time for her to **return**.
我等她回來等了很久。

We would appreciate the **return** of your overdue books to the library.　我們會感謝您將逾期未還的書籍歸還給圖書館。

*appreciate: 感謝　*overdue: 過期的，逾期未還的

返回 ➜ | r | e | | | | |

remember [rɪˋmɛmbɚ]

re（重新）+ mem（= memory 記憶）+ ber → 重新記憶

動 記得

He couldn't **remember** my address.
他不記得我的地址了。

Do you **remember** me?
你還記得我嗎？

記得 →

renew [rɪˋnju]

re（重新）+ new（新的）→ 重新變成新的

動 更新，重新開始

The two countries **renewed** the peace talks.
兩國重啟和平對話。　　*talks：會談

You have to **renew** your library card.
你必須更新你的借書證。

更新 →

reset [rɪˋsɛt]

re（重新）+ set（設置）→ 重新設置

動 將（設定、編排等）重置，重啟

I need to **reset** my watch to the local time.
我必須重新將我手錶設定為當地時間。　　*local：本地的

He didn't **reset** the password.
他沒有重設密碼。

重置 →

rehearsal [rɪˋhɝs!]

re（重新）+ hear（聽）+ sal → （為了表演）重新再聽一遍

名 （演奏等的）彩排，排練

When do you want to have a **rehearsal**?
您什麼時候要來一場排練？

Don't worry. It was only a **rehearsal**.
不用擔心。這只是排演。

排演 →

reform [rɪˋfɔrm]

re (重新) + form (形成，組成) → 使～重新成形

動 改革，革新，改良　名 改革，變革

She is pushing for education **reform**.
她正在推動教育改革。　　*push for：奮力爭取
Our school rules need to be **reformed**.
我們的校規必須改善。

改良 → ☐☐☐☐☐☐

replace [rɪˋples]

re (重新) + place (擺放；地方) → 重新擺放（別的東西）

動 取代，更替　名 replacement 代替品，取代

E-books cannot **replace** textbooks.
電子書不能取代教科書。
I will **replace** the roof.
我將屋頂更換掉。

取代 → ☐☐☐☐☐☐☐

recycle [riˋsaɪk!]

re (重新) + cycle (循環，輪轉) → 重新循環或輪轉

動 將（垃圾、資源等）回收，再利用

We should **recycle** waste paper.
我們應該回收廢紙。　　*waste paper：廢紙
If we **recycle** paper, we can save a lot of trees.
如果我們回收紙張，我們可以拯救很多樹木。

回收再利用 → ☐☐☐☐☐☐☐

remind [rɪˋmaɪnd]

re (重新) + mind (心裡；思考) → 重新在心裡思考

動 提醒，使想起

Remind me to write my brother tomorrow.
提醒我明天要寫信給我哥哥。
You **remind** me of my sister.
你讓我想起我妹妹。

提醒 → ☐☐☐☐☐☐

remove [rɪ`muv]

re（返回，重新）＋ **move**（移動，搬移）→ 將（雜物等）移走

動 移除，搬開，脫掉

You have to **remove** dust from your clothes.
你必須拂去你衣服上的灰塵。　　* dust：灰塵

Remove the skin of the peach before eating it.
要將這桃子的皮去除後才能吃。

移除 ➡ ☐☐☐☐☐☐

recover [rɪ`kʌvɚ]

re（重新，再次）＋ **cover**（蓋住）→ 重新或再次遮蓋（傷口）

動 重新獲得（遺失物等），恢復（健康等）

名 recovery 復得，恢復，痊癒

He is **recovering** from his illness.
他正從他的疾病康復中。

He **recovered** the data.
他重新尋獲這份資料。

恢復 ➡ ☐☐☐☐☐☐☐

這個也要知道！ 英文諺語

Patience and diligence ＿＿＿＿＿＿ mountains.

耐心與勤奮能夠移山。　　　*patience：耐心 *diligence：勤奮

答案：remove

Fun Quiz

Activity ① 先想想這個字根的含義，完成以下單字字母填空，然後根據單字的意思連結到對應的圖片。

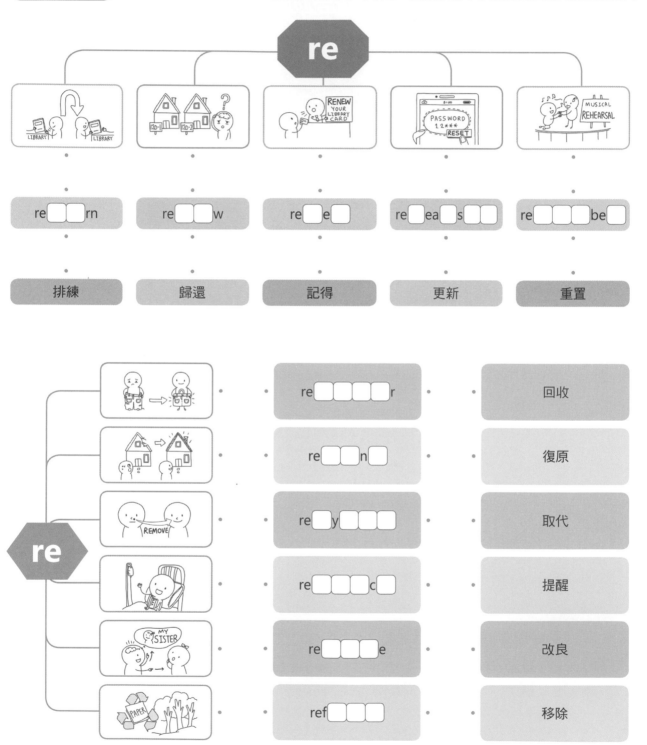

re

re☐☐rn	re☐☐w	re☐e☐	re☐ea☐s☐	re☐☐☐be☐
排練	歸還	記得	更新	重置

re

re☐☐☐☐r	回收
re☐☐n☐	復原
re☐y☐☐☐	取代
re☐☐☐c☐	提醒
re☐☐☐e	改良
ref☐☐☐	移除

Activity 2 請根據以下 單字表 ，完成句子中的單字填空，以及右方的拼圖。

單字表　remove　remember　rehearsal　reset　reform　renew

[橫向]

❶ When do you want to have a _____?

你何時想要進行排練？

❷ I need to _____ my watch to the local time.

我必須把我的手錶重新設定為當地時間。

❸ You have to _____ dust from your clothes.

你必須去除你身上的灰塵。

❹ She is pushing for education _____.

她正在推動教育改革。

[縱向]

❺ He couldn't _____ my address.

他記不得我的地址。

❻ You have to _____ your library card.

你必須更新你的圖書館證。

Activity 3 依句意填入適當的單字，並完成以下句中□的字母填空，然後根據數字順序寫出正確的單字。

1 I waited a long time for her to ⬜[1]⬜⬜⬜⬜⬜. 我等她回來等了好久。

2 He ⬜[3]⬜⬜[7]⬜⬜ed the data. 他重新尋獲這份資料。

3 You ⬜[2]⬜⬜⬜⬜⬜ me of my sister. 你讓我想起我的妹妹。

4 I will ⬜⬜[6]⬜[5]⬜⬜ the roof. 我會把屋頂更換掉。

5 We should ⬜⬜⬜[4]⬜⬜⬜ waste paper. 我們應該回收廢紙。

➡ ⬜[1]⬜[2]⬜[3]⬜[4]⬜[5]⬜[6]⬜[7] = _____

ad- 前往（to）/ under 在下方（down）

ad-
前往（to）

ad 所代表的意思是「前往（to）」。請注意，a, ad, al, ap, ar 等，都是 ad 的「變體」，這是為了與後面的字母發音連貫所致。

---

adjust [ə`dʒʌst]

ad（前往）+ just（洽當的）→ 前往洽當的位置

VOLUME

動 調整，調節，適應　名 adjustment 調整，適應

How do I **adjust** the volume?
我要如何調整音量？

He didn't **adjust** to his new environment.
他還沒適應他的新環境。

調整 → a d ☐ ☐ ☐ ☐

adopt [əˋdʌpt]

ad（前往）**+ opt**（= **option** 選項）➔ 前去選擇或採用（一個觀念）
➔ 前去領養（一個孩子）

動 採用，收養　名 adoption 採納，採用，收養

He **adopted** the new idea.
他採納了這個新的想法。

I **adopted** two children.
我收養了兩個小孩。

收養 ➔ ☐ ☐ ☐ ☐ ☐

arrive [əˋraɪv]

ar（= **ad** 前往）**+ rive**（= **river** 河流）➔ 前往河流（或海灘）處

動 抵達（某地），（物品）被送到　名 arrival 抵達

I will be **arriving** next Monday.
我將於下週一抵達。

A letter **arrived** for you yesterday.
昨天有你的一封信送到。

ARRIVE

抵達 ➔ a r ☐ ☐ ☐ ☐

almost [ˋɔl‚most]

al（= **ad**前往）**+ most**（最多）➔ 大多數前往（特定方向）

副 幾乎，差不多

Lunch's **almost** ready.
午餐差不多都準備好了。

I am **almost** there.
我差不多快到那邊了。

TOP

幾乎 ➔ a l ☐ ☐ ☐ ☐

abroad [əˋbrɔd]

a（= **ad**前往）**+ broad**（寬廣）➔ 前往更廣闊的地方

副 到國外，在外面

I will go study **abroad**.
我將出國念書。

I want to spend some time **abroad**.
我想到過外待一陣子。

到國外 ➔ a ☐ ☐ ☐ ☐ ☐

| **aboard** [ə`bord] | **a**（= **ad** 前往）+ **board**（板子）→ 前往甲板上 |

副 登或上船（或飛機、車）

He went **aboard**.
他上船了。

All **aboard**!
所有人請上船／上車／登機！

在船上 → ☐☐☐☐☐☐

| **appoint** [ə`pɔɪnt] | **ap**（= **ad** 前往）+ **point**（指出，指向）→ 將（手指往前移）以指出某人（或時間） |

副 指派，任命，指定（時間、地點）
名 appointment 委派，（會面的）約定

I was **appointed** as the leader.
我被指派擔任領導人。

We need to **appoint** a date for the meeting.
我們必須指定一個會議的日期。

指派 → a p ☐☐☐☐☐

under
在下方（down）

你可曾聽過「地下樂團」？underground 是 under（在下方）與 ground（地面）結合而成，而「地下樂團」是指不出現在檯面上廣播媒體中的樂團。under 的概念是在一個物體下方（down）的意思。

under [`ʌndɚ]

under (在下方)

介 在～的（正）下方

Your wallet is **under** the table.
你的皮夾在桌子的下方。　　* wallet：（可摺的）皮夾
Children **under** 5 are free.
5 歲以下孩童免費。

在～下方 ➡ | u | n | d | e | r |

understand [ˌʌndɚ`stænd]

under (在下方) + stand (站立) ➡ 站在（明顯位置）的下方

動 理解，懂

I don't **understand** your explanation.
我不了解您的說明。　　*explanation：解釋
Can you **understand** Korean?
你懂韓語嗎？

了解 ➡

underwear [`ʌndɚˌwɛr]

under (在下方) + wear (穿著) ➡ 穿在（外衣）下面的

名 內衣

You should change your **underwear** every day.
你每天都應該要換內衣。
Is this **underwear** too big for you?
這件內衣對你來說太大嗎？

內衣 ➡

underline [ˌʌndɚ`laɪn]

under (在下方) + line (畫線) ➡ 在（文字）的下方畫線

動 畫底線（強調）

I **underline** important words.
我在重要的文字下方畫底線。
Underline the key sentences.
在重要的句子底下畫線。　　*sentence：句子

畫底線 ➡

Activity ① 先想想這個字根的含義，完成以下單字字母填空，然後根據單字的意思連結到對應的圖片。

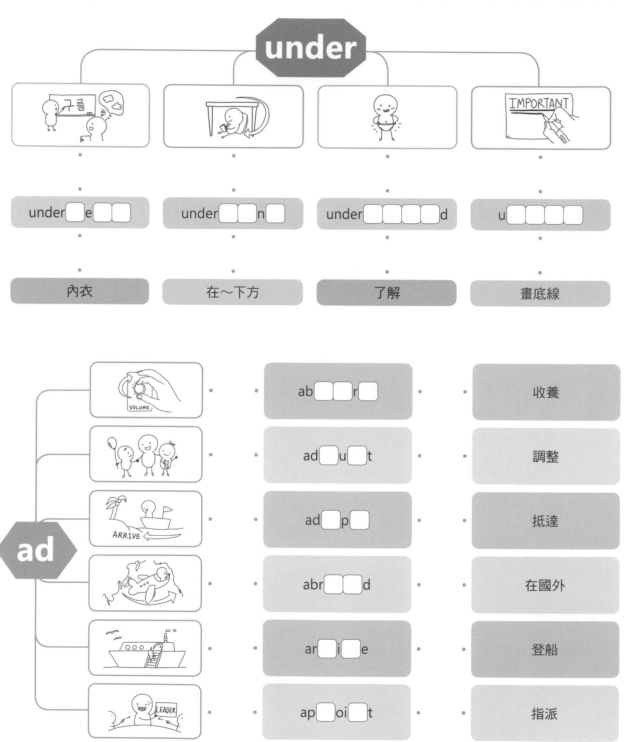

under

under□e□□　　under□□n□　　under□□□□d　　u□□□□

內衣　　　　在～下方　　　　了解　　　　畫底線

ad

ab□□r□　　收養

ad□u□t　　調整

ad□p□　　抵達

abr□□d　　在國外

ar□i□e　　登船

ap□oi□t　　指派

Activity 2 請根據以下 單字表 ，完成句子中的單字填空，以及右方的拼圖。

單字表　　appoint　　abroad　　adjust　　almost　　adopt　　aboard　　arrive

1　How do I _____ the volume?
　　我要如何調整音量？

2　He _____ed the new idea.
　　他採納了這個新觀念。

3　A letter _____d for you yesterday.
　　昨天有一封給你的信件寄到。

4　Lunch's _____ ready.
　　午餐差不多已準備好了。

5　I will go study _____.
　　我將出國念書。

6　He went _____.
　　他登機了。

7　I was _____ed as the leader.
　　我被指派為領導人。

A	P	O	I	N	T	D	E	R	I	V
R	T	L	M	S	T	O	S	M	A	L
B	O	P	N	J	D	P	R	A	L	D
N	E	V	O	R	D	D	B	L	M	A
E	V	D	R	D	R	O	D	I	O	L
T	I	A	O	R	A	D	J	U	S	T
N	R	M	D	R	B	E	V	V	T	I
D	R	J	D	J	A	U	S	T	O	P
B	A	T	D	A	O	R	B	A	J	V
A	P	P	O	I	N	T	L	S	I	R
J	R	T	S	U	I	R	O	J	S	E

Activity 3 按照正確的字母順序，完成以下句子空格中的單字拼寫。

1　**eawrunred**　➡　You should change your _____ every day.
　　你每天都應該更換你的內衣。

2　**nerdu**　➡　Your wallet is _____ the table.
　　你的皮夾在桌子底下。

3　**unenderli**　➡　I _____ important words.
　　我將重要的文字畫底線。

4　**astnderdnu**　➡　Can you _____ Korean?
　　你懂韓文嗎？

over 在上面，在上位，越過 /
post- 在後（after），在後面

over

在上面，在上位，越過

你知道「綠野仙蹤（The Wizard of Oz）」這齣音樂劇裡面的 Over The Rainbow 這首歌嗎？歌詞內容是關於渴望彩虹上方（over）的夢想世界。over 的意義包括「在上面」、「在上位」、「超越」。

over [ˋovɚ]	**over**（在上面，超越）
	介 在～正上方，越過～ You should wear a jacket **over** your shirt. 你應該在襯衫外面穿上一件夾克。 He crossed **over** the river. 他越過這條河流。 越過～ → `o` `v` `e` `r`

overlook [ˌovəˋlʊk]

over (在上位，越過) + look (看) ➤ 站高一點（粗略地）看
➤ 從高（職）位往下看

動 對～忽略不理，俯瞰，監督

I can't **overlook** your mistakes any more.
我沒有辦法再忽視你的錯誤了。

This window **overlooks** the garden.
從這扇窗可俯瞰花園。

俯瞰 ➤ ☐☐☐☐☐☐☐☐

overall [ˋovəˏɔl]

over (在上位) + all (全部) ➤ 在全部的上方

形 全部的，從頭到尾的　副 整體而言

Her **overall** record is 3 wins.
她的整體紀錄是 3 勝。

Overall, this application is useful.
整體來説，這個應用程式是有用的。* application：運用，應用程式

全部的 ➤ ☐☐☐☐☐☐☐

overlap [ˌovəˋlæp]

over (在上位) + lap (重疊部分) ➤ 在重疊部分的上方

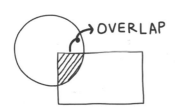

動 與～部分重疊，與～同時發生

The contents of the two books **overlap** each other.
這兩本書的內容互相有雷同之處。　　*content：內容，內含物

Your free time doesn't **overlap** with mine.
你的空閒時間和我的並不相同。

與～重疊 ➤ ☐☐☐☐☐☐☐

overseas [ˋovəˋsiz]

over (越過) + sea (海洋) + s ➤ 越過海洋

形 海外的　副 在海外，往海外去

I am planning an **overseas** trip.
我正計畫一趟海外之旅。

The company moved **overseas**.
這家公司搬遷至海外了。　　*company：公司

與～重疊 ➤ ☐☐☐☐☐☐☐☐

overnight [`ovɚ`naɪt]	over (越過) + night (夜晚) ➜ 超過（整個）夜晚

副 通宵，整夜，一夜之間

We stayed **overnight** in Seoul.
我們在首爾過夜。

He studied **overnight**.
他熬夜念書。

一整夜 ➜ ☐☐☐☐☐☐☐☐☐

overcome [`ovɚ`kʌm]	over (越過) + come (過來) ➜ 越過（危機等）後過來 ➜ 超越（對手）而來

COMPLEX

動 克服，戰勝，壓倒

I tried to **overcome** my complex.
我試著克服我的情結。

Germany easily **overcame** France in the final game.
德國在這場決賽中輕取法國。

克服 ➜ ☐☐☐☐☐☐☐☐

post-

在後（after），在後面

職業棒球比賽分成正規的季賽與季後（post）賽。季後賽是給季賽時獲得優異表現的球隊來參加的。post 可以指時間的「在後」（after），也可以指位置的「在後」（behind）。

post season [ˋpost ˋsizn]	**post**（在後）＋ **season**（季節）➔ 在（某一）季節之後
	名（季賽勝出隊伍參加的）季後賽
	The **post season** starts tomorrow.
	季後賽明天就開始了。
	He hit a home run in the **post season**.
	他在季後賽中揮出了一支全壘打。
	季後賽 ➔ ⬜ p ⬜ o ⬜ s ⬜ t ⬜⬜⬜⬜⬜⬜⬜
postscript [ˋpost͵skrɪpt]	**post**（在後）＋ **script**（手寫，筆跡）➔ 寫在最後面的東西
	名（信末的）附註（縮寫：P.S.），附錄
	P.S. stands for "**postscript**."
	P.S. 代表「附註」的意思。　　*stand for：代表著～
	He added a **postscript** to his letter.
	他在信中加了附筆。　　*add：加入
	附註 ➔ ⬜⬜⬜⬜⬜⬜⬜⬜⬜⬜

💡 這個也要知道！ 英文諺語

Success doesn't come _____.

成功不會一夜之間就來。（成功並非偶然。）　　*success：成功

答案：overnight

75

Activity ❶ 先想想這個字根的含義，完成以下單字字母填空，然後根據單字的意思連結到對應的圖片。

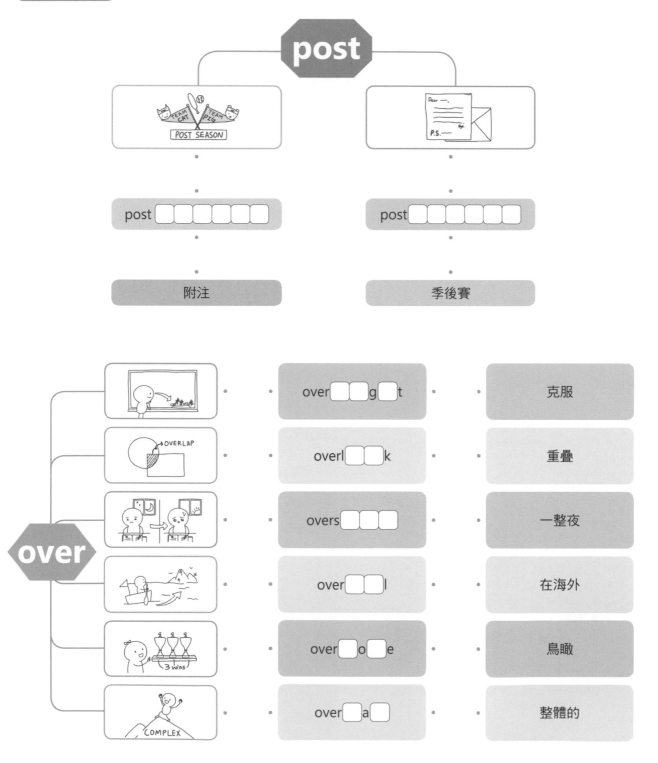

post

post ☐☐☐☐☐☐

post ☐☐☐☐☐☐

附注

季後賽

over☐☐g☐t

overl☐☐k

overs☐☐☐

over☐☐l

over☐o☐e

over☐a☐

克服

重疊

一整夜

在海外

鳥瞰

整體的

Activity 2 請根據以下 單字表 ，完成句子中的單字填空，以及右方的拼圖。

單字表　overseas　postscript　overlook　over　overnight

［橫向］

❶ We stayed _____ in Seoul.

我們一整夜都在首爾。

❷ You should wear a jacket _____ your shirt.

你應該在襯衫外面穿上一件夾克。

❸ He added a _____ to his letter.

他在信中加了附筆。

［縱向］

❹ I can't _____ your mistakes any more.

我沒有辦法再忽視你的錯誤了。

❺ I am planning an _____ trip.

我正計畫一趟海外之旅。

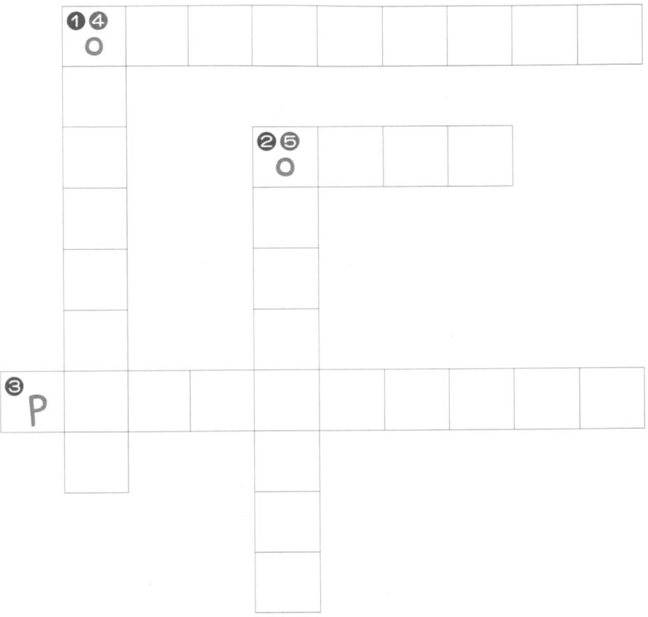

Activity 3 依句意填入適當的單字，並完成以下句中□的字母填空，然後根據數字順序寫出正確的單字。

1 Your free time doesn't □□□□□⑤□ with mine. 你的空閒時間和我的並不相同。

2 Her □②□□④□□ record is 3 wins. 她的整體紀錄是 3 勝。

3 I tried to □①□③□□□□ my complex. 我試著克服我的情結。

4 The ⑦□□□□□⑥□□ starts tomorrow. 季後賽明天就開始了。

→ ①□ ②□ ③□ ④□ ⑤□ ⑥□ ⑦□ = □

out- 出去，（從內）往外 /
sub- 在下方（down, under）

out-

出去，（從內）往外

在棒球比賽中，打擊者擊出球之後，會奔向一壘，但如果防守者先將球傳到了一壘，那麼打擊者就出局（out）了。出局之後，打擊者不能留在場內（in），而是要出（out）場外，走向選手休息室（dugout）。因此，out 所代表的意義是「出去」或是「往外」。

outcome [ˈaʊtˌkʌm]	out（出去）+ come（來）→（努力的結果）出來了

名 結果，結局

Predicting the **outcome** of the story is difficult.
預測故事的結局是有困難的。

Can you guess the **outcome** of the game?
你可以猜測比賽的結果嗎？

結果 ➜ | o | u | t | | | |

outline [`aʊt͵laɪn]

out (往外) + line (線條) → 從外圍畫線

名 輪廓，略圖，概述

He told us a broad **outline** of his plan.
他告訴我們他計畫的概況。　　*broad：概括的

You should write an **outline** for your essay.
你應該寫一段你散文的概述。

輪廓 ➡ ⬚⬚⬚⬚⬚⬚⬚

output [`aʊt͵pʊt]

out (往外) + put (放) → （完整地）往外放

名 輸出，出產　動 輸出，出產

Our daily **output** of cars is about three hundred.
我們每日的汽車出產量大約三百輛。　　*daily：每日的

Computers can **output** data quickly.
電腦可以快速地輸出資料。

輸出 ➡ ⬚⬚⬚⬚⬚⬚

outlook [`aʊt͵lʊk]

out (往外) + look (面貌) → 從外面看起來的面貌

名 景觀，觀點，展望

My house has a nice **outlook** on the sea.
我的房子有很棒的海景。

The **outlook** for the weekend is rainy.
看來這個週末會下雨。

景觀 ➡ ⬚⬚⬚⬚⬚⬚⬚

outstanding [`aʊt`stændɪŋ]

out (往外) + standing (站立) → 站到外面來（為了顯眼）

形 顯著的，卓越的

He is an **outstanding** player.
他是一位傑出的演員。

Here is an area of **outstanding** natural beauty.
這是一個具有絕對天然美景的地區。

卓越的 ➡ ⬚⬚⬚⬚⬚⬚⬚⬚⬚⬚⬚

outgoing [`aʊt`goɪŋ]

out（往外）＋ **going**（走去）→ 往外走出去
→（本性）喜歡往外走

形（從特定地方）出發的，外向的

Where is the **outgoing** mailbox?
寄件信箱在哪裡？

She's really an **outgoing** girl.
她真是個外向的女孩。

外向的 → ☐☐☐☐☐☐☐☐

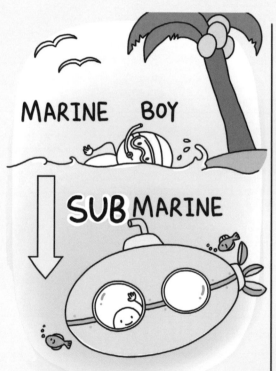

sub-

在下方（down, under）

你知道為什麼 subway 叫作「地鐵」嗎？way 是指「路」，而 sub 意思是「在下面（down）」，所以兩者結合在一起就是指「在地底下行走的路」，於是就變成「地鐵」的意思。sub 以及 sup 都有「在下面」的意義。

80

subway [ˈsʌbˌwe]

sub（在下面）+ **way**（路）➔ 在下面行走的路

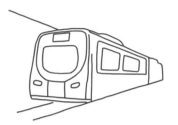

名 地鐵

Where is the **subway** station?
地鐵站在哪裡？
I lost $5 in the **subway**.
我在地鐵上遺失了 5 塊錢。

地鐵 ➔ | S | u | b | | | |

submarine [ˈsʌbməˌrin]

sub（在下面）+ **marine**（航海的）➔ 在海面下航行

名 潛水艇

The **submarine** is fast.
這艘潛水艇很快。
I will travel by **submarine** under the sea.
我將在海底下搭乘潛艇行進。

潛艇 ➔ | | | | | | | | |

subscribe [səbˈskraɪb]

sub（在下面）+ **scribe**（寫）➔ 在（文件）底下寫（名字）

動 訂閱（報章），訂購（網路；電視頻道等）　名 subscription訂閱，訂購

He **subscribes** to the newspaper.
他訂閱這份報紙。
I **subscribe** to TV sports channels.
我有訂購電視體育頻道。

訂閱 ➔ | | | | | | | | |

support [səˈport]

sup（= **sub**在下面）+ **port**（港口，搬運）➔ 從下方搬運／提攜

動 支持（某人），支撐（某物），激勵　名 支撐，支持，激勵

I **support** your opinion.
我支持你的意見。
He gave me lots of **support**.
他給了我很多支援。

支撐 ➔ | S | u | P | | | |

Fun Quiz

Activity 1 先想想這個字根的含義，完成以下單字字母填空，然後根據單字的意思連結到對應的圖片。

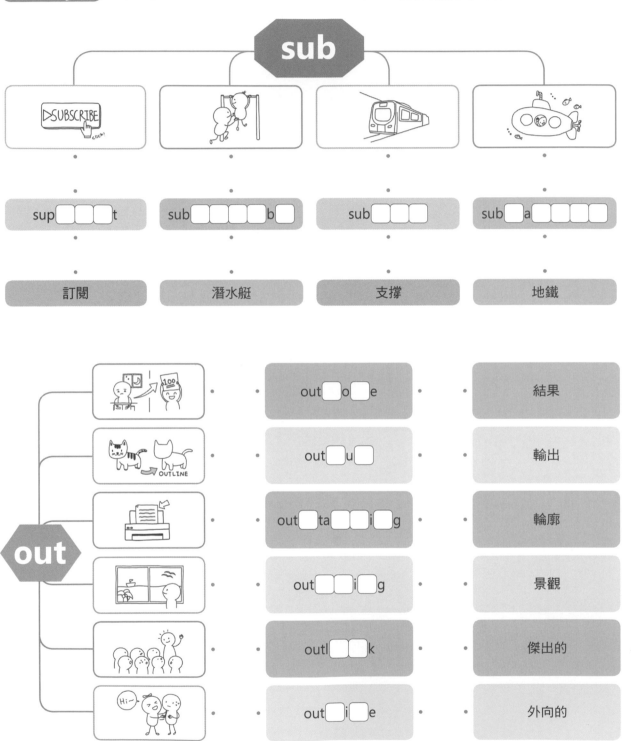

sub

sup⬚⬚⬚t	sub⬚⬚⬚⬚b⬚	sub⬚⬚⬚	sub⬚a⬚⬚⬚⬚
訂閱	潛水艇	支撐	地鐵

out

- out⬚o⬚e — 結果
- out⬚u⬚ — 輸出
- out⬚ta⬚⬚i⬚g — 輪廓
- out⬚⬚i⬚g — 景觀
- outl⬚⬚k — 傑出的
- out⬚i⬚e — 外向的

Activity ② 請根據以下 單字表 ，完成句子中的單字填空，以及右方的拼圖。

單字表　outcome　output　outgoing　outline　outlook　outstanding

1　Predicting the _____ of the story is difficult.
預測故事的結局是有困難的。

2　He told us a broad _____ of his plan.
他告訴我們他計畫的概況。

3　Computers can _____ data quickly.
電腦可以快速地輸出資料。

4　My house has a nice _____ on the sea.
我的房子有很棒的海景。

5　He is an _____ player.
他是一位傑出的演員。

6　Where is the _____ mailbox?
寄件信箱在哪裡？

O	U	T	C	A	M	E	O	U	L	O	K
U	P	O	U	T	P	U	T	E	D	K	O
P	G	N	I	D	N	A	T	S	T	U	O
T	O	D	E	G	U	G	I	N	G	K	L
U	T	O	G	N	I	E	D	A	T	S	T
O	E	S	A	I	M	T	O	I	N	G	U
E	S	D	U	O	U	S	E	M	O	C	O
C	G	A	C	G	S	M	L	O	O	U	K
M	N	T	I	T	A	S	O	U	T	K	L
E	U	P	T	U	A	N	D	L	N	G	E
O	S	T	U	O	G	I	I	A	S	K	N
A	N	G	U	E	A	N	K	U	P	D	I
U	M	O	A	C	E	G	K	L	Q	R	T

Activity ③ 按照正確的字母順序，完成以下句子空格中的單字拼寫。

1　**ywbsua**　➡　I lost $5 in the _____.
我在地鐵上遺失了 5 塊錢。

2　**orptups**　➡　I _____ your opinion.
我支持你的意見。

3　**msuarenbi**　➡　I will travel by _____ under the sea.
我將在海底下搭乘潛艇行進。

4　**suebrcsib**　➡　He _____s to the newspaper.
他訂閱這份報紙。

dis- 否定（not），相反，奪走，離去（off）

dis-

1. 否定（not） 2. 相反
3. 奪走，離去（off）

你可曾聽到某人説了「不敬（dis）」的話？dis 是 disrespect 的縮寫，它是將 dis 加到 respect（尊敬）前面，表示「輕蔑（不敬）」，其源自於過去嘻哈文化中反對或攻擊對手的言語。因此，dis 本身就有「否定」及「反對」的意思。另外，假如一個群體否定或反對我，我可能離開（off）該團體，所以 dis 也有「離去」、「去除」或「容不下」的意思。

---

dislike [dɪsˋlaɪk]	**dis**（否定）+ **like**（喜歡）→ 不喜歡

動 不喜歡　名 厭惡　反 like 喜歡

I **dislike** pizza.
我不喜歡披薩。

Do you **like** your new car?
你喜歡你的新車嗎？

不喜歡 → d i s

disable [dɪsˋebḷ]

dis（否定）＋ **able**（有能力的）➡ 沒有能力的

動 使失去（行動上的）能力，使傷殘　反 **able** 能夠的

She is **disabled** because of a car accident.
她因為一場車禍而傷殘了。　　*accident：意外，事故

Will you be **able** to join us?
你會加入我們嗎？

使失去能力 ➡

disagree [ˌdɪsəˋgri]

dis（相反）＋ **agree**（同意）➡ 不同意

動 意見不合　反 **agree** 同意

He **disagreed** with me on every topic.
他在每一個議題上都和我意見不合。

I quite **agree**.
我非常認同。　　*quite：非常，十分

意見不合 ➡

disorder [dɪsˋɔrdə]

dis（相反）＋ **order**（秩序）➡ 沒有秩序

名 混亂，無秩序，失調　反 **order** 秩序，規律

She has a sleep **disorder**.
她有睡眠障礙。

Line up in **order**.
依照順序排隊。

無秩序 ➡

dishonor [dɪsˋɑnə]

dis（相反）＋ **honor**（名譽，光榮）➡ 不名譽

名 不名譽，丟臉　反 **honor** 名譽，敬意

She is a **dishonor** to her family.
她讓她的家人蒙羞。

It is an **honor** to receive this prize.
獲得這項獎是件光榮的事。　*receive：獲得，收受

不名譽 ➡

disadvantage [ˌdɪsəd`væntɪdʒ]

dis (相反) + **advantage** (優點，好處) → 優點的「相反」

图 缺點，不利，損害　反 advantage 優點，好處

What is the **disadvantage** of living in Seoul?
住在首爾的缺點是什麼？

Eating breakfast has a lot of **advantages**.
吃早餐有很多好處。

不利條件 ➔ ☐☐☐☐☐☐☐☐☐☐☐☐

disappear [ˌdɪsə`pɪr]

dis (相反) + **appear** (蓋住，關閉) → 不關閉

動 消失，不復存在　反 appear 出現

The plane **disappeared** behind the mountain.
這架飛機消失在山的後面。

A car **appeared** around the corner.
一輛車出現在角落附近。

消失 ➔ ☐☐☐☐☐☐☐☐☐

disclose [dɪs`kloz]

dis (相反) + **close** (出現，現身) → 沒有出現

動 揭露，公開　反 close 蓋住，關閉

He will **disclose** your secret soon.
他很快就會揭發你的秘密。

Let's **close** the curtains.
我們把窗簾拉上吧。

揭露 ➔ ☐☐☐☐☐☐☐☐

discover [dɪs`kʌvɚ]

dis (相反) + **cover** (遮蓋，掩飾) → 不遮蓋

動 發現，找到　反 cover 遮蓋，掩飾

Did you **discover** a way to solve it?
你有找到解決這件事的方法嗎？

She **covered** her face with her hands.
她用手遮住她的臉。

發現 ➔ ☐☐☐☐☐☐☐☐

discuss [dɪ`skʌs]	dis (分離，拿去) + cuss (打擊) → （一個個地）敲擊再分開來

動 討論，商談　**名** discussion 討論，商談

We need to **discuss** when we should leave.
我們得討論一下我們該何時離開。

Have you **discussed** the problem with your mother?
你已經和你母親討論過這個問題了嗎？

討論 ➡ ☐☐☐☐☐☐☐

Activity 1 先想想這個字根的含義，完成以下單字字母填空，然後根據單字的意思連結到對應的圖片。

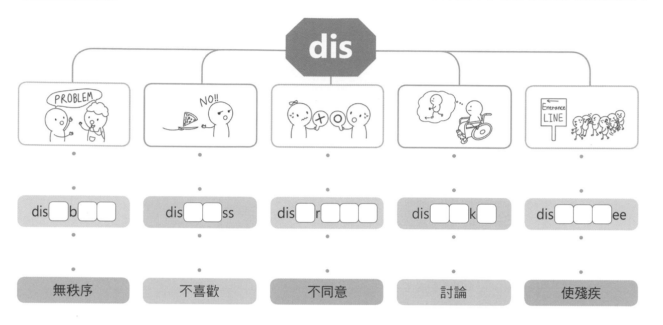

dis☐b☐☐   dis☐☐ss   dis☐r☐☐☐   dis☐☐k☐   dis☐☐☐ee

無秩序   不喜歡   不同意   討論   使殘疾

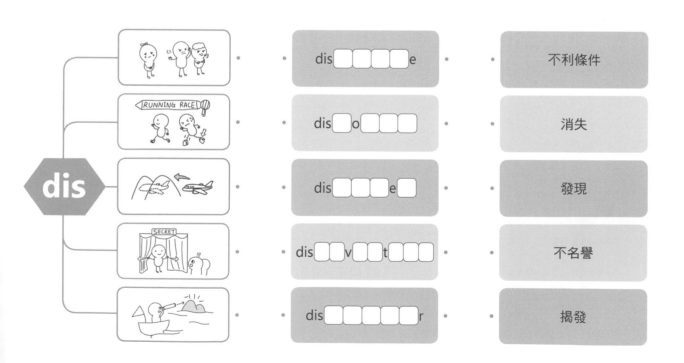

dis☐☐☐☐e   不利條件

dis☐o☐☐☐   消失

dis☐☐☐e☐   發現

dis☐☐v☐t☐☐☐   不名譽

dis☐☐☐☐☐r   揭發

Activity 2 請根據以下 單字表 ，完成句子中的單字填空，以及右方的拼圖。

單字表　　disappear　　disable　　disclose　　dislike　　discuss

［橫向］

❶ The plane _____ed behind the mountain.

這架飛機消失在山的後面。

❷ I _____ pizza.

我不喜歡披薩。

❸ We need to _____ when we should leave.

我們得討論一下我們該何時離開。

［縱向］

❹ He will _____ your secret soon.

他很快就會揭發你的秘密。

❺ She is _____d because of a car accident.

她因為一場車禍而傷殘了。

Activity 3 依句意填入適當的單字，並完成以下句中□的字母填空，然後根據數字順序寫出正確的單字。

1　She has a sleep □[1]□[2]□[3]□□□□□. 她有睡眠障礙。

2　She is a □□□□□[5]□□□ to her family. 她讓她的家人蒙羞。

3　What is the □□□□□[6]□□□□□[7] of living in Seoul? 住在首爾的缺點是什麼？

4　He □□□□□[8]□d with me on every topic. 他在每一個議題上都和我意見不合。

5　Did you □□□□[4]□□□ a way to solve it? 你有找到解決這件事的方法嗎？

→ □[1]□[2]□[3]□[4]□[5]□[6]□[7]□[8] = □□□□□□□□□

89

Unit
12 **en-** 使成為（make），置入

en-

使成為（make），置入

你應該知道 large 意思是「（尺寸、規模、數量）大的」。那麼，如果在前面加上字首 en- 會變成什麼意思？en- 的本意是「使成為～」或「做成～」，所以 enlarge 就是「將～變大」。了解其字根的意義之後，您可以快速且輕易地了解很多衍生字彙的意義了。

enough [ɪ`nʌf]	**en**（使成為）**+ ou**（= out 往外）**+ gh ➜** 使（肚子）往外擴張

形 足夠的　副 足夠地

Do you have **enough** water?
你有足夠的水嗎？
I've had **enough**.
我已經受夠了。

足夠的 ➜  e n ☐ ☐ ☐ ☐

enjoy [ɪnˋdʒɔɪ]

en（使成為）**＋ joy**（樂趣）**→** 使～得到樂趣

🔵 享有，使～得到樂趣　🔵 **enjoyment** 樂趣，愉快的事

I **enjoyed** myself at the party.
我在派對上玩得很高興。

She's **enjoyed** good health recently.
她最近的健康狀況還不錯。

享有 **→**

encourage [ɪnˋkɝɪdʒ]

en（使成為）**＋ courage**（膽量，勇氣）**→** 使～有膽量／勇氣

🔵 鼓勵，助長，慫恿　🔵 **discourage** 使洩氣

My father has always **encouraged** me.
我父親常常鼓勵我。

My parents tried to **discourage** me from being an actor.
我父母試圖阻撓我當演員。

鼓勵 **→**

entitle [ɪnˋtaɪt!]

en（使成為）**＋ title**（頭銜，標題）**→** 依據頭銜，使擁有～資格
→ 給予～的標題

🔵 給予～權力（或資格），給～稱號　🔵 **entitlement** 應得之權利

She is **entitled** to do this.
她有權利做這件事。

I read a book **entitled** "The Little Prince."
我看過一本書名是《小王子》的書。

給予～權力 **→**

enrich [ɪnˋrɪtʃ]

en（使成為）**＋ rich**（富有的，豐富的）**→** 使變得富有／豐富

🔵 使～富裕，使變豐富　🔵 **enrichment** 豐富，致富

She **enriched** herself with business.
她靠做生意讓自己致富。

This book will **enrich** your mind.
這本書將豐富你的心靈。

使變得富有 **→**

enclose [ɪn`kloz]

en（使成為）+ close（關上）→ 使（入口處）關上（而無法進入）

動 圍繞，將～（文件）封入

The backyard is **enclosed** by trees.
後院被樹圍繞著。

Please **enclose** postage.
請附上郵資。　　* postage：郵資

圍繞 ➜

enlarge [ɪn`lɑrdʒ]

en（使成為）+ large（大的）→ 使變大

BALLOON

動 放大，擴大　名 enlargement 擴大，增大

She wants to **enlarge** her restaurant.
她想將她的餐廳擴建。

How can I **enlarge** the image?
我要怎麼放大這個影像？

放大 ➜

ensure [ɪn`ʃʊr]

en（置入）+ sure（確信的）→ 使對方確信

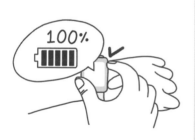

100%

動 確保，保證，擔保

Ensure that you have enough batteries.
確認你有足夠的電池。

Intelligence doesn't **ensure** success in life.
智慧無法擔保生活中的成就。　　*intelligence：智慧

確保 ➜

enable [ɪn`eb!]

en（置入）+ able（有能力的）→ 賦予能力

SNS

動 使能夠　反 使無能力

Smartphones **enable** people to do many things.
智慧型手機讓人們可以做很多事情。

He helped his **disabled** friend.
他幫助他的殘障友人。

使能夠 ➜

enforce [ɪn`fors]

en（置入）＋ force（力量）→ 賦予（法律上的）能力

動（依法）強制，執行　名 enforcement 執行，強制

The police **enforce** the law.
警察執法。　　* law：法律

She doesn't **enforce** classroom discipline.
她並未實施教室守則。　　* discipline：紀律

強制 ➡ ☐☐☐☐☐☐☐

這個也要知道！ 英文諺語

If you would ＿＿＿＿＿＿ the fruit, pluck not the flower.

如果你喜歡這果子，就別把花摘走。　　* pluck：摘（花、果等），拔（毛髮）

答案：enjoy

(A) enable (B) to do

enable 的主詞（A）通常是「事物」，用來表示它的受詞（B）「人」可以做什麼。

• Money will **enable** you to buy a car.
　　(A)　　　　　　　(B)

錢可以讓你買輛車。（＝你有錢所以有能力買輛車。）

• All your senses **enable** you **to** remember many things.
　　　(A)　　　　　　(B)

你所有感官都可以讓你記得許多事情。

Activity ① 先想想這個字根的含義，完成以下單字字母填空，然後根據單字的意思連結到對應的圖片。

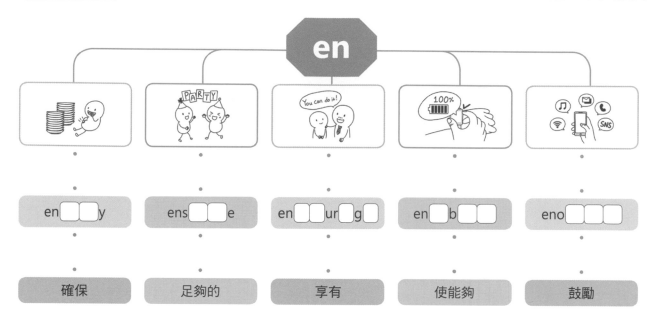

en☐☐y　　ens☐☐e　　en☐☐ur☐g☐　　en☐b☐e　　eno☐☐☐

確保　　　　足夠的　　　　享有　　　　使能夠　　　　鼓勵

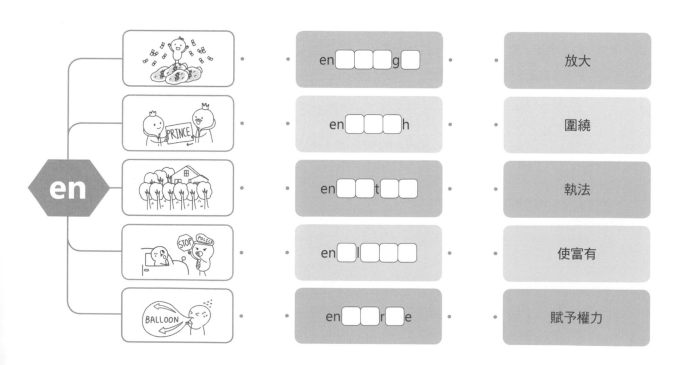

en☐☐☐g☐　　　放大

en☐☐☐h　　　圍繞

en☐☐t☐☐　　　執法

en☐l☐☐☐　　　使富有

en☐☐r☐e　　　賦予權力

Activity ②　請根據以下 單字表 ，完成句子中的單字填空，以及右方的拼圖。

單字表　　　enough　　enjoy　　ensure　　encourage　　enable

1　Do you have _____ water?

　　你有足夠的水嗎？

2　My father has always _____d me.

　　我父親常常鼓勵我。

3　Smartphones _____ people to do many things.

　　智慧型手機讓人們可以做很多事情。

4　_____ that you have enough batteries.

　　確認你有足夠的電池。

5　I _____ed myself at the party.

　　我在派對上玩得很高興。

O	E	G	A	R	U	O	C	N	E	J
E	A	B	N	L	G	C	O	C	N	E
N	J	E	N	J	O	Y	R	E	N	G
B	N	G	L	R	B	R	J	A	O	O
E	C	Y	R	E	N	C	B	C	E	A
A	E	O	J	N	G	L	B	R	G	L
L	R	A	B	O	E	Y	G	E	J	N
G	U	C	R	U	L	G	A	Y	B	Y
N	S	E	L	G	G	N	Y	O	R	L
E	N	O	A	H	B	E	B	G	R	C
B	E	J	R	C	N	L	N	Y	E	A

Activity ③　按照正確的字母順序，完成以下句子空格中的單字拼寫。

1　**tenilte**　➔　She is _____d to do this.

　　她有權利做這件事。

2　**laenrge**　➔　How can I _____ the image?

　　我要怎麼放大這個影像？

3　**efnroce**　➔　The police _____ the law.

　　警察執法。

4　**cnelsoe**　➔　The backyard is _____d by trees.

　　後院被樹圍繞著。

5　**reinhc**　➔　This book will _____ your mind.

　　這本書將豐富你的心靈。

se- 分開（off），離去（apart）/
per- 完全，徹底，經由（through）

se-

分開（off），離去（apart）

你可曾看過《秘密花園》（The Secret Garden）這個童話故事？secret 是「秘密」、「隱密」的意思。所謂秘密的意思就是，把一個訊息「分開（se）」來，讓別人無法知道。所以，英文裡的「秘書」secretary 來自「秘密」secret 這個字，因為他／她必須保守機密資訊。

---

section [ˋsɛkʃən]　　se（分開）+ c + tion（名詞）➔ 分開的部分

名 區段，區域，切片（塊），部門

He cut the pie into three **sections**.
他將這個派切成三塊。
The hospital has five **sections**.
這家醫院有五個部門。

區段 ➔ | s | e | | | | | |

secure [sɪˋkjʊr]

se（分開）＋ cure（= care在意）➜ 與「在意」分開

形 安全的，牢固的　動 取得，使牢固

The future of your job looks **secure**.
你這份工作的前景看來很穩固。

I **secured** myself a place at law school.
我在法學院為自己取得一席之地。

安全的 ➜ ☐☐☐☐☐☐

select [sɪˋlɛkt]

se（分開）＋ lect（= choose選擇）➜（在眾多物件中）選擇並分開

動 選取，挑出　名 selection 選拔，選集

It's not easy to **select** the best book for kids.
為孩子們挑選最好的書籍並不容易。

I haven't been **selected** for the team.
我尚未被這支球隊選中。

選取 ➜ ☐☐☐☐☐☐

separate [ˋsɛpəˌret]

se（分開）＋ par（= part部分）＋ ate ➜ 將很多小部分分開

動 使分離，區分　形 分開的，單獨的　名 separation 分開，分離

Separate the eggs.
把這些雞蛋分離（分成蛋黃與蛋白）。

Bananas must be kept **separate** from apples.
香蕉必須與蘋果分開來保存。

使分離 ➜ ☐☐☐☐☐☐☐☐

secret [ˋsikrɪt]

se（分開）＋ cret（= off分離）➜ 隔離開來（不讓人知道）

名 秘密，機密　形 秘密的

You have to keep this **secret**.
你必須保守這個秘密。

Please enter your **secret** number.
請輸入你的密碼。

秘密 ➜ ☐☐☐☐☐☐

secretary [ˋsɛkrəˌtɛrɪ]	secret（秘密）+ ary（與「人」有關）→（工作上）涉及機密的人

名（老闆的）秘書，（機構的）書記

I need a new **secretary**. Do you have someone in mind?
我需要一位新的秘書。你有人選嗎？
Please talk to my **secretary**.
請和我的秘書談。

秘書 → ☐☐☐☐☐☐☐☐☐

per-
1. 完全，徹底
2. 經由（through）

在棒球比賽中，如果投手從第一局到第九局都沒被敵隊選手上壘（沒有失分），這場比賽就稱為「完全比賽」，英文叫作 perfect game。per 有「完全的」、「從頭到尾」的意思。它也可表示「經由～」，因為完美的狀態並非某個時刻達成的，而是必須經由一個努力的過程。

perfect [ˋpɝˌfɪkt]

per（完全）+ fect（= fec做成）→ 做成完美的東西

形 完美的，完全的

The weather is **perfect** for playing outside.
天氣狀況非常適合戶外玩耍。

She speaks **perfect** English.
她的英文講得很棒。

完美的 → | p | e | r | | | |

perform [pɚˋfɔrm]

per（完全）+ form（形成）→ 完美地形成

動 執行（任務），（在舞台上）演出　名 performance表現，成績

Smartphones can **perform** many tasks at once.
智慧手機可以一次同時執行許多任務。

The play was first **performed** in 2001.
這齣劇最初在 2001 年上演。

演出 → | | | | | | | |

persist [pɚˋsɪst]

per（徹底）+ sist（= stand站立）→ 從頭到尾站著

動 持續（儘管有困難），堅持　名 persistence 堅持，固執

He **persisted** in his search for the truth.
他堅持要探究真實。　　*search：搜尋，探究

I don't know why he **persists** in this.
我不知道他為何要堅持這一點。

堅持 → | | | | | | |

perfume [pɚˋfjum]

per（經由）+ fume（蒸氣，煙燻）→ 煙燻穿過來

名 香水，香味

She wears too much **perfume**.
她噴太多香水了。

What did the **perfume** smell like?
這香水味聞起來如何？

香水 → | | | | | | |

Activity ① 先想想這個字根的含義，完成以下單字字母填空，然後根據單字的意思連結到對應的圖片。

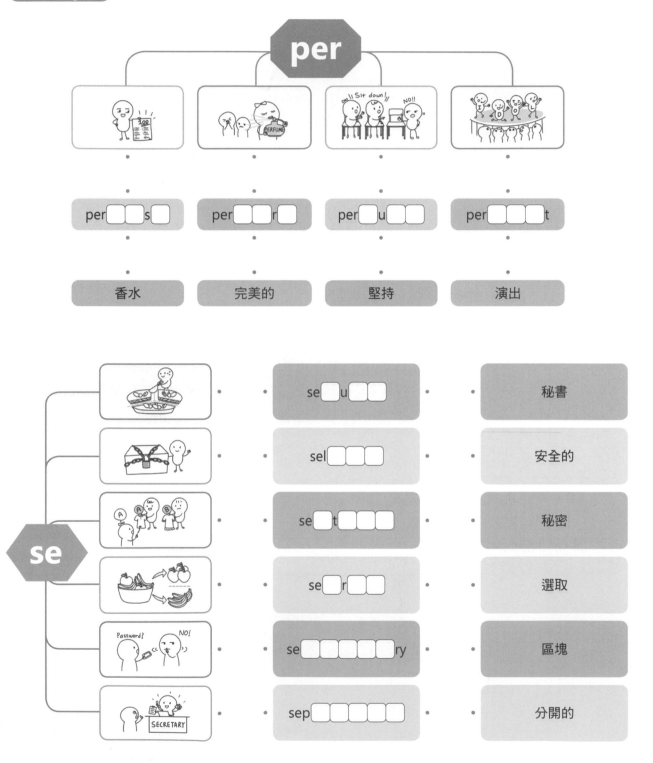

per

per☐☐s☐   per☐☐r☐   per☐u☐☐   per☐☐☐t

香水   完美的   堅持   演出

se

se☐u☐☐   秘書

sel☐☐☐   安全的

se☐t☐☐☐   秘密

se☐r☐☐   選取

se☐☐☐☐☐ry   區塊

sep☐☐☐☐☐   分開的

Activity 2 請根據以下 [單字表]，完成句子中的單字填空，以及右方的拼圖。

[單字表]　perfume　secretary　select　separate　persist

[橫向]

❶ Please talk to my _____.

請和我的秘書談。

❷ She wears too much _____.

她噴太多香水了。

[縱向]

❸ Bananas must be kept _____ from apples.

香蕉必須與蘋果分開來保存。

❹ It's not easy to _____ the best book for kids.

為孩子們挑選最好的書籍並不容易。

❺ He _____ed in his search for the truth.

他堅持要探究真實。

Activity 3 依句意填入適當的單字，並完成以下句中口的字母填空，然後根據數字順序寫出正確的單字。

1　He cut the pie into three [ ][2][ ][ ][ ][ ][ ]s. 他將這個派切成三塊。

2　The future of your job looks [ ][ ][3][ ][ ][ ]. 你這份工作的前景看來很穩固。

3　You have to keep this [1][ ][ ][ ][ ][ ]. 你必須保守這個秘密。

4　The weather is [ ][ ][ ][5][ ][6] for playing outside. 天氣狀況非常適合戶外玩耍。

5　Smartphones can [ ][ ][ ][4][ ][ ][ ] many tasks at once. 智慧手機可以一次同時執行許多任務。

→ [1][2][3][4][5][6] = [ ]

com-, con- 一起（with, together）/ tele- 在遠處

com-, con-

一起（with, together）

你聽過「雙人創作團體」（Collabo）的歌嗎？collabo 就是 collaboration 的簡寫，是由 col（= com）（一起）與 labor（勞力）結合而成。col、com、con 的意思都是相同的，端視其後字母而有不同的變化。

company [ˈkʌmpənɪ]	com（一起）＋ pany（= bread 麵包）➜ 在一起吃麵包（或謀生）的人們

名 公司，商號，劇團，作伴，同夥

Don't keep **company** with such a friend.
別跟這種朋友在一起。

He joined the **company** in 2018.
他在 2018 年加入該公司。

作伴 ➜ | c | o | m | | | | |

computer [kəm`pjutɚ]

com（一起）**+ put**（放置）**+ er** ➡ 將（許多資料與功能）整理在一起

名 電腦

He spends too much time on **computer** games.
他花太多時間在電腦遊戲上。

The **computer** helps him a lot.
這部電腦幫了他很多忙。

電腦 ➡ ☐☐☐☐☐☐☐☐

compose [kəm`poz]

com（一起）**+ pose**（=**put**放置）➡ 整理在一起，把（信件、筆記等）整理在一起

動 組成，構成，作（詩、曲），使鎮靜

The team is **composed** of 12 players.
這支隊伍由 12 名球員組成。

She **composed** all of the songs on the album.
她編寫了這張專輯中的所有歌詞。

作曲 ➡ ☐☐☐☐☐☐☐

contest [`kantɛst]

con（一起）**+ test**（測驗）➡ 一起進行測試

名 競賽，競爭，爭奪，角逐

I wanted to dance in the **contest**, but I didn't.
我本想要參加這場舞蹈比賽，但我沒有。

The **contest** is open to everyone.
這項競賽開放所有人參加。

競賽 ➡ c o n ☐☐☐☐☐

concert [`kansɚt]

con（一起）**+ cert**（分辨）➡ 一起分辨（表演好壞）

名 音樂會，演奏會

I have a **concert** every year.
我每年都會辦一場音樂會。

I enjoyed the music in the **concert** hall.
我喜歡演奏會大廳的音樂。

音樂會 ➡ ☐☐☐☐☐☐☐

collect [kəˋlɛkt]	col (=com一起) + lect (=choose選擇) → 將～選在一起

動 蒐集，聚集　名 collection 採集，收藏品

His hobby is **collecting** coins.
他的嗜好是蒐集錢幣。

What does he like to **collect**?
他喜歡蒐集什麼？

蒐集 → | c | o | l | | | | |

TELE

tele-

在遠處

聽過「心電感應（telepathy）」吧？它的意思就是，在彼此距離遙遠的兩人，在同一時間有相同的想法與行動。telepathy 就是指「在遠方（tele）」出現一致的的「想法（pathy）」。另外，television, telephone 也運用了 tele- 這個字首，因為它們都是「在遠方」傳送影像或聲音的設備。

telephone [`tɛlə͵fon]

tele (在遠處) **+ phone** (聲音) ➜ 從遠方傳遞聲音

名 電話（機），電話

She answered the **telephone**.
她接電話。
This **telephone** is broken.
這電話壞了。

電話 ➜ | t | e | l | e | | | | | |

television [`tɛlə͵vɪʒən]

tele (在遠處) **+ vis** (看見) **+ ion** ➜ 從遠方看東西（影像）

名 電視機，TV

I watched the soccer game on the **television**.
我看了這場電視轉播的足球賽。
Could you please turn up that **television**?
可以請你把電視音量調大嗎？

電視 ➜ | | | | | | | | | | |

telepathy [tə`lɛpəθɪ]

tele (在遠處) **+ pathy** (=**feeling**感情) ➜ 從遠方傳遞感情

名 心電感應，傳心術

Do you believe in **telepathy**?
你相信心電感應嗎？
If I could use **telepathy**, I would read your mind.
如果我有傳心術，我就可以看出你的心思。

心電感應 ➜ | | | | | | | | | |

telescope [`tɛlə͵skop]

tele (在遠處) **+ scope** (眼界，範圍) ➜ 眼界範圍到遠處

名 眼界範圍到遠處

I looked at the moon through a **telescope**.
我透過望遠鏡看著月亮。   *through：經由～
I searched Mars with my **telescope**.
我用我的望眼鏡探索火星。   *Mars：火星

望遠鏡 ➜ | | | | | | | | | |

Fun Quiz

Activity ① 先想想這個字根的含義，完成以下單字字母填空，然後根據單字的意思連結到對應的圖片。

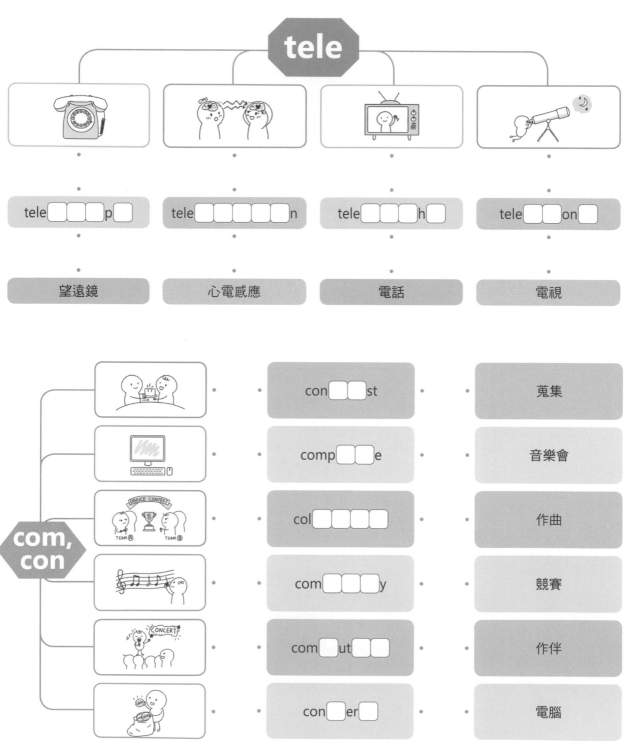

Activity ② 請根據以下 單字表，完成句子中的單字填空，以及右方的拼圖。

單字表 compose   company   collect   computer   contest   concert

1 What does he like to _____?

   他喜歡蒐集什麼？

2 I have a _____ every year.

   我每年都會辦一場音樂會。

3 Don't keep _____ with such
   a friend.

   別跟這種朋友在一起。

4 He spends too much time on
   _____ games.

   他花太多時間在電腦遊戲上。

5 The team is _____d of 12
   players.

   這支隊伍由 12 名球員組成。

6 The _____ is open to everyone.

   這項競賽開放所有人參加。

C	P	N	A	S	R	M	C	O	E	R	O
E	O	R	T	S	E	T	N	O	C	C	S
O	T	C	O	N	L	L	N	P	Y	M	A
S	N	L	P	Y	C	E	C	O	N	R	M
R	C	T	M	R	O	R	Y	C	S	E	N
C	O	L	L	E	C	T	O	Y	T	T	A
P	M	O	L	S	N	M	A	R	S	U	L
Y	P	R	C	E	P	Y	E	L	C	P	E
N	O	M	S	A	Y	C	A	M	O	M	L
A	S	P	N	R	N	S	Y	L	T	O	C
M	E	Y	R	O	L	O	P	C	R	C	O
C	T	E	C	O	M	C	L	L	P	S	L

Activity ③ 按照正確的字母順序，完成以下句子空格中的單字拼寫。

1 **tieslivneo** ➡ Could you please turn up that _____?

   可以請你把電視音量調大嗎？

2 **stceolepe** ➡ I looked at the moon through a _____.

   我透過望遠鏡看著月亮。

3 **ptealthye** ➡ Do you believe in _____?

   你相信心電感應嗎？

4 **tepleenho** ➡ She answered the _____.

   她接電話。

uni- 單一（one） / trans- 穿越，轉換

uni-

單一（one）

在中世紀神話故事中有一隻「獨角獸（unicorn）」。unicorn 是由 uni（表示「單一」）與 corn（表示「角」）所組成。

uniform [ˋjunəˏfɔrm]　　　**uni**（單一）+ **form**（形式）➜ 單一的形式

名 制服，軍服

He is wearing a **uniform**.
他正穿上一件制服。

I think students should wear a school **uniform**.
我認為學生應該穿學校制服。

制服 ➜ | u | n | i | | | | |

union [ˋjunjən]

uni（單一）＋ on ➜（一些人）合而為一

名 結合，工會，社團

I will join the **union**.
我將加入這個工會。

I'm in the students' **union**.
我是學生社團的一員。

社團 ➜ ☐ ☐ ☐ ☐ ☐

unique [juˋnik]

uni（單一）＋ que ➜（我的天啊！）只有這一個

形 唯一的，獨特的

Each person's fingerprint is **unique**.
每個人的指紋都是獨一無二的。　　＊ fingerprint：指紋

He is not my type. He's very **unique**.
他不是我的菜。（我喜歡的）他是獨一無二的。

唯一的 ➜ ☐ ☐ ☐ ☐ ☐ ☐

unit [ˋjunɪt]

uni（單一）＋ t ➜ 一個

名 單位，單元

The basic **unit** of society is the family.
社會的基本單位是家庭。　　＊ society：社會

What's the **unit** cost of each bag?
每個包袋的單價是多少？　　＊ cost：成本

單位 ➜ ☐ ☐ ☐ ☐

unite [juˋnaɪt]

uni（單一）＋ te ➜ 使成為一個

動 聯合，團結一致，使混合

The two groups **united** to defeat their common enemy.
這兩個團體聯合起來打敗了他們的共同敵人。＊ defeat：打敗 ＊ enemy：敵人

Do you want the two Koreas to be **united**?
你希望兩韓統一嗎？

團結 ➜ ☐ ☐ ☐ ☐

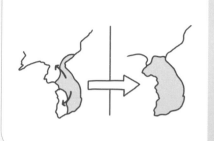

unify [ˋjunəˌfaɪ]

uni（單一）＋ fy（動詞字尾）→ 使成為單一

動 使成一體，統一　名 unification統一，聯合

Shilla **unified** the three Kingdoms.
Shilla 統一了三個王朝。　　＊ kingdom：王國
The new president hopes to **unify** the country.
新總統希望統一這個國家。　　＊ president：總統

統一 →　☐ ☐ ☐ ☐ ☐

trans-

穿越，轉換

在電影《變型金剛（Transformers）》中，有一個機器人可以轉變（trans）他的樣子。trans 的意思是「從一邊穿越至另一邊」，而除了「穿越」的意思之外，它也可以表示「轉變（變形）」。

transfer [træns`fɚ]	**trans**（穿越）＋**fer**（搬運）➡ 搬運（移動）並穿越至另一個地方

動 轉移，調動，轉來

Transfer to Line No. 1 at Seoul Station.
在首爾站轉乘「一號線」。

She **transferred** from Seoul Elementary School to Busan Elementary School.　她從首爾小學轉學至釜山小學。

轉乘 ➡ | t | r | a | n | s | | | |

translate [træns`let]	**trans**（轉換）＋**late**（=carry攜帶）➡ 攜帶至（另一種語言）

動 翻譯，轉變　　名 translation 翻譯，轉換

She **translated** the letter into Korean.
她將這封信翻譯成韓文。

Are you able to **translate** Korean into Japanese?
你能夠將韓文翻譯成日文嗎？

翻譯 ➡ | | | | | | | | | |

transplant [træns`plænt]	**trans**（轉換）＋**plant**（栽種，植入）➡ 將植物轉換至另一個地方

動 移植，移種　　名 移植（手術），移栽

I have to **transplant** the tree.
我必須將這棵樹移種他處。

She needs a heart **transplant**.
她必須做心臟移植手術。

移植 ➡ | | | | | | | | | |

transform [træns`fɔrm]	**trans**（轉換）＋**form**（形式，外形）➡ 轉換成另一種外形

動 變換，改造　　名 transformation 變形，轉化

The dress **transformed** her.
這件洋裝讓她變了個人。

The event **transformed** my life.
這起事件轉變了我的人生。

變形 ➡ | | | | | | | | |

Activity ① 先想想這個字根的含義，完成以下單字字母填空，然後根據單字的意思連結到對應的圖片。

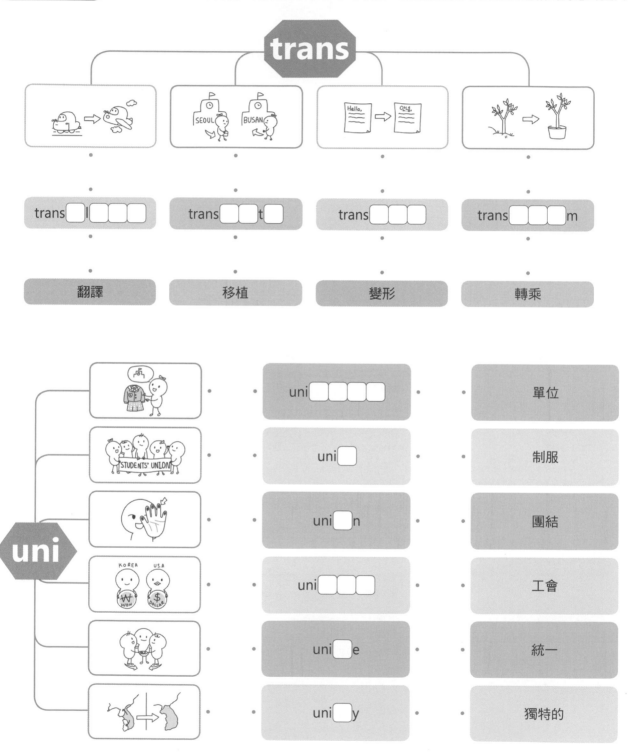

trans

trans [ ] l [ ] [ ] [ ]　　trans [ ] [ ] t [ ]　　trans [ ] [ ] [ ]　　trans [ ] [ ] m

翻譯　　　移植　　　變形　　　轉乘

uni

uni [ ] [ ] [ ] [ ]　　單位

uni [ ]　　制服

uni [ ] n　　團結

uni [ ] [ ] [ ]　　工會

uni [ ] e　　統一

uni [ ] y　　獨特的

Activity ② 請根據以下 [單字表]，完成句子中的單字填空，以及右方的拼圖。

[單字表]　　transform　　unique　　union　　translate　　transfer

[橫向]

❶ The dress _____ed her.

這件洋裝讓她變了個人。

❷ Each person's fingerprint is _____.

每個人的指紋都是獨一無二的。

[縱向]

❸ _____ to Line No. 1 at Seoul Station.

在首爾站轉乘「一號線」。

❹ I will join the _____.

我將加入這個工會。

❺ Are you able to _____ Korean into Japanese?

你能夠將韓文翻譯成日文嗎？

Activity ③ 依句意填入適當的單字，並完成以下句中□的字母填空，然後根據數字順序寫出正確的單字。

1 He is wearing a [❶]□□□□□□. 他正穿上一件制服。

2 The basic [❷]□□□ of society is the family. 社會的基本單位是家庭。

3 The two groups □□□□□[❺]d to defeat their common enemy.

這兩個團體聯合起來打敗了他們的共同敵人。

4 The new president hopes to □□□[❸]□□ the country. 新總統希望統一這個國家。

5 I have to □□□□□□□□[❹] the tree. 我必須將這棵樹移種至他處。

→ [❶]□ [❷]□ [❸]□ [❹]□ [❺]□ = □□□□□□

bi-, twi- 二（two）/ tri- 三（three）

bi-, twi-

二（two）

也許你第一次騎腳踏車時，曾經受到些許驚嚇。「腳踏車」的英文是 bicycle，它是由 bi（表示「2」）與 cycle（輪轉）結合而成，這也是為什麼腳踏車有兩個輪子。您可以讀懂這本書，表示您是懂英文及中文的，也就是說，您是個 bilinguist（通兩種語言的人）。它也運用了 bi（表示「2」），再加上 linguist（語言學者）而形成。另外，twi 與 bi 都有「二」的意思。

bicycle [ˋbaɪsɪkḷ]	bi（二）+ cycle（輪轉，循環）→ 兩個輪子在轉

名 腳踏車，單車

He likes to ride his **bicycle**.
他喜歡騎他的腳踏車。

The man locked his **bicycle** to a tree.
這名男子將他的腳踏車鎖在一棵樹旁。

腳踏車 → | b | i | | | | | |

bimonthly [`baɪ`mʌnθlɪ]

bi (二) + **month** (月) + **ly** → 每兩個月 (一次)

副 兩個月一次，一個月兩次

The book is published **bimonthly**.
這本書每兩個月發行一次。　　*publish：出版，發行

He gets paid **bimonthly**.
他每個月領薪兩次。

兩月一次 →

twice [twaɪs]

twi (二) + **ce** → 二

副 兩次，兩倍

I go there **twice** a month.
我一個月去那裡兩次。

He eats **twice** as much as me.
他的食量是我的兩倍。

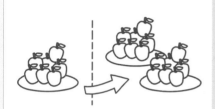

兩次 →

t	w	i		

twin [twɪn]

twi (二) + **n** → 二

名 雙胞胎之一，雙人房　　形 孿生的，成對的

Minsu and Minho are **twins**.
民洙與珉豪是一對雙胞胎。

I want to reserve a **twin** room.
我想訂一間 (有兩張單人床的) 雙人房。　　*reserve：預訂

雙胞胎 →

twist [twɪst]

twi (二) + **st** → （繩索的）兩股

動 （用手）扭轉，盤繞　　名 扭彎，彎曲處

She **twisted** the wet towel.
她將這條濕毛巾扭了一下。

He gave the lid another **twist** and it came off.
他將蓋子再扭轉一次，然後蓋子就開了。　*lid：蓋子 *come off:（蓋子）脫離

扭轉 →

tri-

三（three）

先前學過了 bi 與 twi 都是「二」的意思。tri 就是指「三」。例如， triangle（三角形）、trio（三重唱）及 tricycle（三輪車）都是 tri 開頭的字彙，它們都有「三」的意思在內。

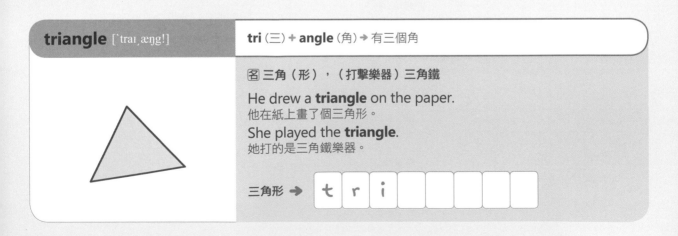

triangle [ˈtraɪˌæŋgl̩]	**tri**（三）+ **angle**（角）→ 有三個角

图 三角（形），（打擊樂器）三角鐵

He drew a **triangle** on the paper.
他在紙上畫了個三角形。
She played the **triangle**.
她打的是三角鐵樂器。

三角形 →

t	r	i				

trio [`trio]	**tri** (三) + **o** → 三

名 三人組，三件一套，三重奏

They are playing as a **trio**.
他們組了個三重唱。

The Kim **Trio** will hold concerts in Daejeon.
高傳真三人組將於大田廣域市舉辦演唱會。　　* hold：舉辦，舉行

三角組 → ☐☐☐☐

tribe [traɪb]	**tri** (三) + **be** (部落) → 源自羅馬時期三個部落的歷史

名 部落，種族

The **tribe** died off.
這個部落已滅亡。　　* die off：消失殆盡

The **tribe** came from Africa.
這個種族來自非洲。

部落 → ☐☐☐☐☐

tricycle [`traɪsɪk!]	**tri** (三) + **cycle** (輪轉，循環) → 三個輪子在轉動

名 三輪車

I like to ride a **tricycle**.
我喜歡騎三輪車。

I'll give my son a **tricycle** for his third birthday.
我會給我兒子一台三輪車作為他三歲生日禮物。

三輪車 → ☐☐☐☐☐☐☐☐

triple [`trɪp!]	**tri** (三) + **ple** (=fold摺疊) → 摺疊成三層

名 三壘打，三倍數／量　　形 三倍的，三部分構成的

He hit a **triple**.
他擊出一支三壘安打。

He won a **triple** crown in the 100 meter, 200 meter and 400 meter races.　他拿下一百公尺、兩百公尺及四百公尺三冠王。

三倍 → ☐☐☐☐☐☐

Fun Quiz

先想想這個字根的含義，完成以下單字字母填空，然後根據單字的意思連結到對應的圖片。

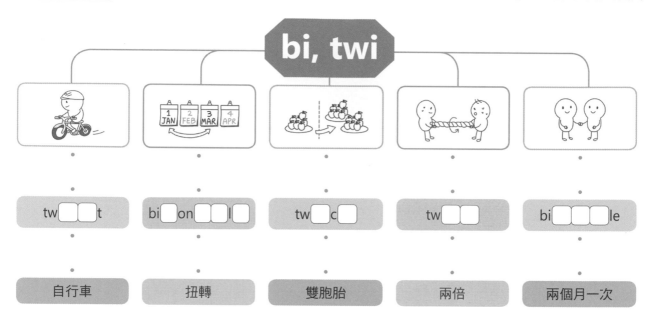

bi, twi

| tw◻◻t | bi◻on◻◻l | tw◻c◻ | tw◻◻ | bi◻◻◻le |

| 自行車 | 扭轉 | 雙胞胎 | 兩倍 | 兩個月一次 |

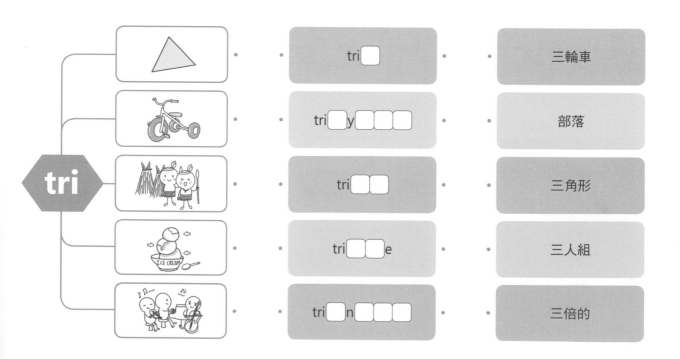

tri

tri◻	三輪車
tri◻y◻◻◻	部落
tri◻◻	三角形
tri◻◻e	三人組
tri◻n◻◻◻	三倍的

Activity 2 請根據以下 單字表 ，完成句子中的單字填空，以及右方的拼圖。

單字表　　bimonthly　　twice　　bicycle　　twin　　twist

1 She _____ed the wet towel.
她將這條濕毛巾扭了一下。

2 The book is published _____.
這本書每兩個月發行一次。

3 Minsu and Minho are _____s.
民洙與珉豪是一對雙胞胎。

4 The man locked his _____ to a tree.
男子將他的單車鎖在一棵樹旁。

5 I go there _____ a month.
我一個月去那裡兩次。

I	W	Y	C	L	N	E	W	Y	S
T	Y	I	B	N	I	I	L	W	T
W	C	L	O	M	W	H	T	L	Y
I	W	H	E	C	T	N	S	O	T
S	N	Y	L	N	E	H	S	N	W
T	I	B	O	S	N	T	W	O	L
C	O	M	I	M	C	S	H	L	S
Y	I	W	B	I	C	Y	C	L	E
B	H	M	W	B	I	H	S	E	B
W	B	C	O	E	C	I	W	T	H

Activity 3 按照正確的字母順序，完成以下句子空格中的單字拼寫。

1 **orti** ➡ They are playing as a _____.
他們組了個三重唱。

2 **tbeir** ➡ The _____ came from Africa.
這個種族來自非洲。

3 **aglenrit** ➡ He drew a _____ on the paper.
他在紙上畫了個三角形。

4 **ietryccl** ➡ I'll give my son a _____ for his third birthday.
我會給我兒子一台三輪車作為他三歲生日禮物。

5 **etripl** ➡ He hit a _____.
他擊出一支三壘安打。

de- 離開，分離（off, away, from）/
multi- 許多（many）

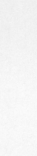

de-
離開，分離（off, away, from）

在 KTX 列車車票或一般機票上都會看到上面印有 departure 這個字。這個字的意思是「出發」，也就是從你現在的位置（part，部分）離開（de）前往另一個地點。表示「離開，分離」的 de 有時也會以 di 的形式出現。

---

design [dɪˈzaɪn]

de（離開）+ **sign**（展現，標誌）→ 讓（想法）離開（腦袋）展現出來

動 設計，繪製，謀劃　名 設計（樣式），圖樣

I **designed** that car.
我設計了那部車。
The book will be published with a new cover **design**.
這本書將以新的封面設計來出版。

設計 → | d | e | | | | |

depart [dɪ`pɑrt]

de（離開）＋ part（部分）→ 讓某個部分離開（分離出去）

動 出發，離開　名 departure 出發，離開

I **departed** from Busan for Seoul.
我離開釜山往首爾去了。

He **departed** his job on August 12th.
他在八月十二日離職了。

出發 ➜ ☐ ☐ ☐ ☐ ☐ ☐

department [dɪ`pɑrtmənt]

de（離開）＋ part（部分）＋ ment → 將（整個）分離成一些部分

名 部門，（企業等的）局處，（大學的）系

He works in the sales **department**.
他在業務處工作。

I will meet her at the **department** store.
我會和她在百貨公司碰面。

*department store：百貨公司（不同商店／販賣部的聚眾之處）

部門 ➜ ☐ ☐ ☐ ☐ ☐ ☐ ☐ ☐ ☐ ☐

detach [dɪ`tætʃ]

de（離開）＋ tach（＝attach附著）→ 離開附著的地方

名 使分離，派遣（軍隊等）　反 attach 附著

Detach section A from section B of the form.
將這份表格的A區塊從B區塊分離出來。

Don't forget to **attach** the file.
別忘了附上檔案。

使分離 ➜ ☐ ☐ ☐ ☐ ☐ ☐

delete [dɪ`lit]

de（離開）＋ lete（＝wipe拭去）→ 使分離然後拭去

名 刪除，劃掉

Don't **delete** the file.
別刪除了這個檔案。

Delete her name from the list of members.
從會員名單中將她的名字刪除掉。

刪除 ➜ ☐ ☐ ☐ ☐ ☐ ☐

delay [dɪ`le]	de (分離) + lay (放置) ➜ 從放置好的位子（預定的時間）離去

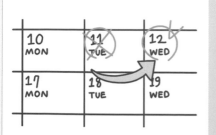

動 延期，延誤，耽擱　名 延誤，延後

We need to **delay** our decision for a day.
我們必須延後一天再做決定。　*decision：決定

We don't have time for a **delay**.
我們沒有時間再延後了。

延後 ➜ ☐☐☐☐☐

divide [də`vaɪd]	di (=de 分離) + vide (分享) ➜ 分享出去

動 劃分，切割，【數】除　名 division 分裂，部門

Let's **divide** this cake into four.
我們將這蛋糕分成四份吧。

18 **divided** by 3 equals 6.
18 除以3等於6。

切割 ➜ ☐d☐ ☐i☐ ☐☐☐☐

multi-
許多（many）

20 多年前，一家電影院在同一時間只播放一齣電影。而今日，我們在電影院可以從幾部戲中選擇自己最喜愛的。一家擁有多廳的電影院，稱為「影城（multiplex）」。所以 multi 的意思就是「許多」。

multiplayer [`mʌltɪpleə]

multi (許多) + **player** (在玩的人) → 許多人（同時）在玩遊戲

名 多人（電腦的）遊戲

She likes to play **multiplayer** games.
她喜歡玩多人電腦遊戲。

It's a **multiplayer** online role-playing game.
它是一種多人同時上線的角色扮演遊戲。

多人遊戲 → | m | u | l | t | i | | | | | |

multicultural [ˌmʌltɪ`kʌltʃərəl]

multi (許多) + **cultur** (=culture文化) + **al** → 許多種文化的

名 多元文化的，融合多種文化的

We live in a **multicultural** country.
我們生活在一個多元文化的國家。

There are many **multicultural** families in America.
在美國有很多多元文化的家庭。

多元文化的 → | | | | | | | | | | | | | |

multimedia [mʌltɪ`midɪə]

multi (許多) + **media** (媒體) → 許多媒體的

名 多媒體的，使用多媒體的

★多媒體：結合兩種或兩種以上媒體的一種資訊交流傳播設備，使用文字、聲音、影像等數位或傳輸功能。

Multimedia systems include video and sound.
多媒體系統包括影像及聲音。

A smartphone is a **multimedia** device.
智慧型手機是一種多媒體裝置。　　*device：裝置

多媒體的 → | | | | | | | | | |

Fun Quiz

Activity 1 先想想這個字根的含義，完成以下單字字母填空，然後根據單字的意思連結到對應的圖片。

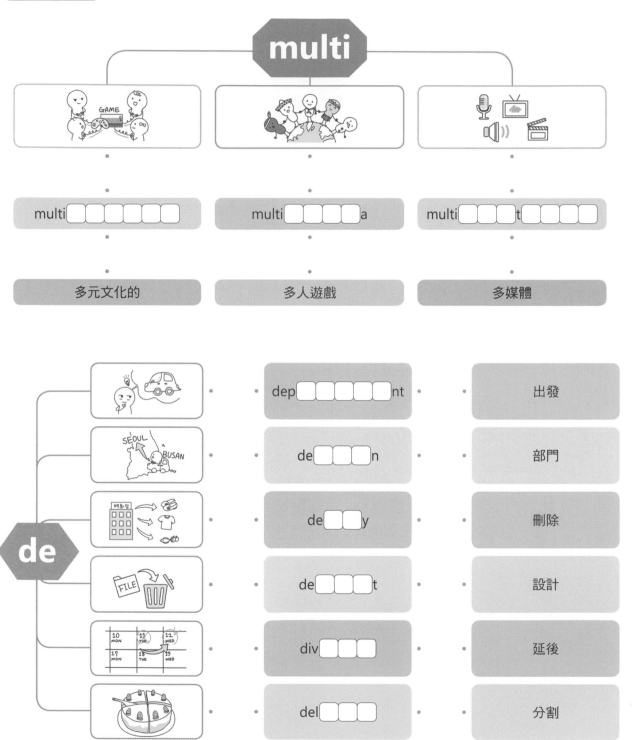

multi

multi☐☐☐☐☐

multi☐☐☐☐a

multi☐☐☐t☐☐☐☐

多元文化的

多人遊戲

多媒體

de

dep☐☐☐☐☐nt

de☐☐☐n

de☐☐y

de☐☐☐t

div☐☐☐

del☐☐☐

出發

部門

刪除

設計

延後

分割

Activity ❷ 請根據以下 單字表 ，完成句子中的單字填空，以及右方的拼圖。

單字表　　multimedia　delay　divide　delete　depart

[橫向]

❶ _____ systems include video and sound.

多媒體系統包括影像及聲音。

❷ We need to _____ our decision for a day.

我們必須延後一天再做決定。

[縱向]

❸ Don't _____ the file.

別刪除了這個檔案。

❹ Let's _____ this cake into four.

我們將這蛋糕分成四份吧。

❺ I _____ed from Busan for Seoul.

我離開釜山往首爾去了。

Activity ❸ 依句意填入適當的單字，並完成以下句中□的字母填空，然後根據數字順序寫出正確的單字。

1　I □□[2]□□□□□ed that car. 我設計了那部車。

2　He works in the sales □□□□□□[3]□□□□. 他在業務處工作。

3　□[1]□□□□[6]□ section A from section B of the form. 將這份表格的A區塊從B區塊分離出來。

4　She likes to play □□□□□□□□□[4]□□□ games. 她喜歡玩多人電腦遊戲。

5　We live in a □□□□□□[5]□□□□□□□ country. 我們生活在一個多元文化的國家。

→ □[1]□[2]□[3]□[4]□[5]□[6] = [_____]

125

inter- 在兩者之間（between），交互 /
super-, sur- 越過，在上方，超越

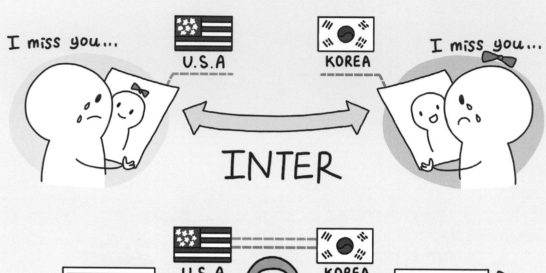

inter-

**在兩者之間（between），
交互**

當兩國元首舉行高峰會時，會有一個人坐在兩者中間協助兩者的語言溝通。這個人就稱為「翻譯」，英文是 interpreter，他／她在兩個說不同語言的人中間（inter）協助彼此交流。而 Internet 也是在不同國家的人中間（inter）提供一個交流的平台。

interview [ˋɪntəˏvju]	inter（交互）+ view（看見）→ 彼此互相看見

图 面談，訪問

I have an **interview** on Wednesday.
我星期三有一個面試。
The **interview** was on live radio.
訪談是透過電台直播進行。

面談 ➜ | i | n | t | e | r | | | |

Internet [ˈɪntɚˌnɛt]

inter（交互）+ net（網狀）➜ 彼此在一個網狀物上（溝通）

名 網際網路（將全世界的電腦連在一起的網絡）

The number of **Internet** users is growing.
網際網路的使用者正在增加當中。

You can buy almost anything on the **Internet**.
你幾乎可以在網路上買到任何東西。

網際網路 ➜ ☐☐☐☐☐☐☐☐

interact [ˌɪntəˈrækt]

inter（交互）+ act（有動作）➜ 彼此互相有所動作

動 互相作用，互動　名 interaction 互相作用

I **interact** with many people every day.
我每天和許多人互動。

Trained tigers **interact** with the performers.
訓練有素的老虎與表演者互動。　*performer：表演者，執行者

互相作用 ➜ ☐☐☐☐☐☐☐☐

interval [ˈɪntɚvl̩]

inter（兩者之間）+ val（壁壘）➜ 兩者之間有壁壘

名 間隔，間距，（戲劇，音樂會等的）空檔

The **interval** between earthquakes might be 5 years.
地震的間隔時間可能是5年。　*earthquake：地震

There will be an **interval** of 10 minutes after the first act.
第一齣劇結束後會有10分鐘的空檔。　*act：（戲劇的）幕

間隔 ➜ ☐☐☐☐☐☐☐☐

international [ˌɪntɚˈnæʃənl̩]

inter（兩者之間）+ nation（國家）+ al ➜ 國與國之間的

形 國際性的，國際間的

The Olympic Games are an **international** sporting event.
奧運是一項國際體育盛事。

Do you have an **international** driver's license?
你有國際駕照嗎？

國際性的 ➜ ☐☐☐☐☐☐☐☐☐☐☐☐☐

127

interchange [ˌɪntɚˈtʃendʒ]

inter（兩者之間）+ **change**（改變）→ 在兩者之間作改變

名 交流，（道路的）交叉口，交流道

We need an **interchange** of ideas among the parties.
我們需要各方進行意見交流。
The traffic accident happened at the **interchange** yesterday.
昨天這場交通意外發生在交叉路口。

交流 ➜ ☐☐☐☐☐☐☐☐☐☐☐

super-, sur-
越過，在上方，超越

超人（superman），我們永遠的英雄人物，可以發揮人類（man）的體能極限，並展示出超人一等的（super）力量。所以在各種體育賽事，像是拳擊、羽毛球及網球賽中，與超級系列（super series）有關的字眼會經常出現，那是一種運動員超越一般人表現的（super）修飾用語。

superman [ˈsupɚˌmæn]

super（越過，超越）+ **man**（平常人）→（能力等）超越平常人

名 超人，非常人

Superman can do everything.
超人可以做任何事情。
He is not a **superman**.
他不是超人（不是鐵打的）。

超人 ➜ | s | u | p | e | r | ☐ | ☐ | ☐

superior [sə`pɪrɪə]

super（越過，超越）**+ ior**（比起，相較於～）➜ 超越任何人

形（地位等）較高的，上級的　名 上司，長官　反 **inferior** 不如人的

This car is **superior** to the other.
這部車比另一部更高檔。

Don't feel **inferior** to your friend.
別覺得不如你的朋友。

處於高位的 ➜ ☐☐☐☐☐☐☐☐

superb [sʊ`pɝb]

super（在上方，超越）**+ b** ➜ 在上位，超越的

形 極佳的，一流的

She is a **superb** teacher.
她是個很棒的老師。

Her concert was **superb**.
她的演唱會非常精彩。

極佳的 ➜ ☐☐☐☐☐☐

survive [sə`vaɪv]

sur（越過）**+ vive**（活著）➜ 活在（刀口的）上面

動 比（別人）活得久，在（災難、危機等）中存活
名 **survival** 倖存，倖存者

My grandfather **survived** my grandmother.
我祖父比祖母活得更久。

How did you **survive** the summer without a fan?
你是怎麼在沒有電扇的夏天中活過來的？

存活 ➜ | S | u | r | ☐ | ☐ | ☐ | ☐ |

surface [`sɝfɪs]

sur（在上方）**+ face**（面）➜ 一個面的最上方

名 表面，外觀

We need a flat **surface** to go for a run.
我們需要一個平坦的表面來慢跑一下。　*go for a run：去慢跑

He looks only at the **surface** of things.
他只看到事情的表面。

表面 ➜ ☐☐☐☐☐☐☐

Activity ① 先想想這個字根的含義，完成以下單字字母填空，然後根據單字的意思連結到對應的圖片。

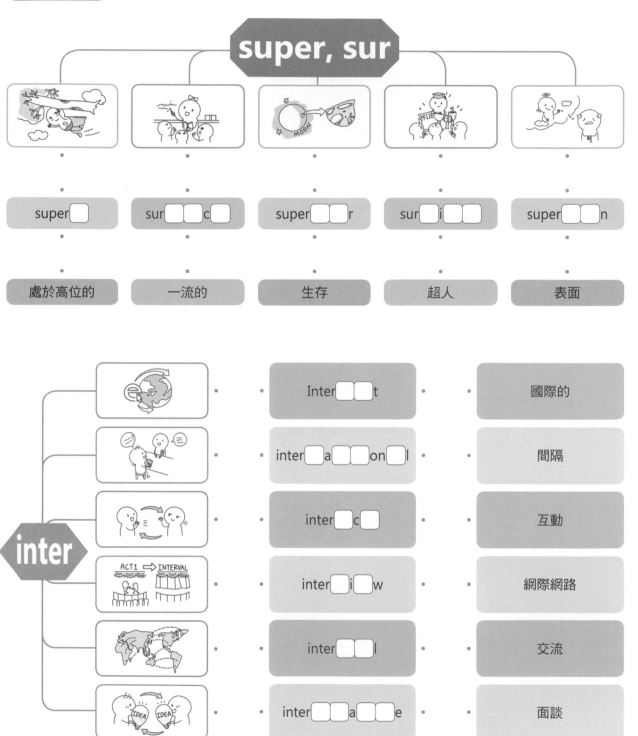

super, sur

super☐	sur☐☐c☐	super☐☐r	sur☐i☐☐	super☐☐n
處於高位的	一流的	生存	超人	表面

inter

Inter☐☐t	國際的
inter☐a☐☐on☐l	間隔
inter☐c☐	互動
inter☐i☐w	網際網路
inter☐☐l	交流
inter☐☐a☐☐e	面談

Activity ② 請根據以下 單字表 ，完成句子中的單字填空，以及右方的拼圖。

單字表　interact　interval　international　Internet　interview　interchange

1　I have an _____ on Wednesday.
　　我星期三有一個面試。

2　We need an _____ of ideas
　　among the parties.
　　我們需要各方進行意見交流。

3　The Olympic Games are an
　　_____ sporting event.
　　奧運是一項國際體育盛事。

4　I _____ with many people every
　　day. 我每天和許多人互動。

5　The number of _____ users is
　　growing. 網際網路的使用者正在增加當中。

6　The _____ between earthquakes
　　might be 5 years.
　　地震的間隔時間可能是5年。

I	E	A	I	N	T	W	G	I	W	T	R	A
R	N	V	N	L	G	V	W	L	A	W	T	E
T	I	N	T	E	R	V	I	E	W	E	G	V
A	T	R	E	H	E	T	N	G	N	R	N	R
I	H	E	R	I	N	V	T	R	V	T	I	H
T	L	E	C	W	E	I	E	C	A	G	C	E
G	N	V	H	A	V	T	R	N	I	T	W	L
A	I	T	A	O	N	R	A	L	R	V	G	N
R	V	C	N	I	T	E	C	A	I	E	A	G
E	T	A	G	O	V	A	T	N	O	L	C	V
W	H	V	E	L	A	V	R	E	T	N	I	T
I	N	T	E	R	N	A	T	I	O	N	A	L

Activity ③ 按照正確的字母順序，完成以下句子空格中的單字拼寫。

1　**afceurs**　➡　He looks only at the _____ of things.
　　　　　　　　他只看到事情的表面。

2　**sbperu**　➡　She is a _____ teacher.
　　　　　　　　她是個很棒的老師。

3　**srueprio**　➡　This car is _____ to the other.
　　　　　　　　這部車比另一部更高檔。

4　**musperna**　➡　_____ can do everything.
　　　　　　　　超人可以做任何事情。

5　**vurvise**　➡　My grandfather _____d my grandmother.
　　　　　　　　我祖父比祖母活得更久。

solv

解決，鬆開

你可曾想破頭地要解決一個困難的數學問題？這時候你會覺得自己的腦筋糾結在一起，然後你的雙手擺在頭的兩側擠壓著。接著，問題解決（solve）之後，你會感受到一派輕鬆。solv 這個字根代表的是一種從複雜的過程中解脫的情況。

solve [sɑlv]	solv（解決）＋ e ➜ 解決（問題）
	動 解決，解開（數學題） He **solved** the puzzle quickly. 他很快就解開這個謎題了。 What can I do to **solve** this problem? 我該怎麼做才能解決這問題。 解決 ➜ ⬚ s ⬚ o ⬚ l ⬚ v ⬚

resolve [rɪ`zɑlv]

re（再次，返回）＋ **solv**（解決）＋ **e** ➡ （決定要回來）解決（問題）

🄿 解決，消除（疑惑等），決定　🄽 resolution 決定，解決

For that matter, I will **resolve** it.
針對那問題，我會解決的。

I **resolved** to study harder.
我決定更努力用功。

解決 ➡ ☐☐☐☐☐☐☐

dissolve [dɪ`zɑlv]

dis（=de分離）＋ **solv**（解決）＋ **e** ➡ 將（溶液）分解
　　　　　　　　　　　　　　　　➡ 將（組織）分解

🄿 分解，使溶解，解散（組織）　🄽 dissolution 溶解，解除，解散

Sugar **dissolves** in water.
糖在水中溶解了。

Stop trying to **dissolve** the department.
別再想要分化這個部門了。

溶解 ➡ ☐☐☐☐☐☐☐☐

fa, fess

說話（say, talk）

也許你還在媽媽懷裡時，就曾聽過伊索寓言（Aesop's Fables）的故事。寓言（fable）是指一篇以動物為角色，訴說具有道德教育或警世智慧的短篇故事。這個字來自「說」的字源 fa。就從以下列出的單字來感受 fa 這個字根的意思吧！

famous [`feməs]

fa (說話) + **mous** (=**mouth** 嘴) → （被四處的人們）說話（而出名）

形 著名的，出名的

He wants to be a **famous** singer.
他想成為一位有名的歌手。

I didn't know she was so **famous**.
我不知道她這麼出名。

著名的 ➡ | f | a | | | | |

infant [`ɪnfənt]

in (否定) + **fa** (說話) + **nt** (=**ant** 人) → （年幼）不能說話的人

名 嬰兒，幼兒　形 嬰兒(用)的，初期的

I was seriously ill as an **infant**.
我還是嬰兒的時候曾經病得很重。　　* seriously：嚴重地

My business is still in its **infant** stage.
我的公司仍處於初創階段。

嬰兒 ➡ | | | | | | |

fate [fet]

fa (說話) + **te** → （神對人）說話

名 命運

His **fate** is in my hands.
他的命運掌握在我手上。

Her **fate** changed dramatically.
她的命運出現劇烈變化。　　*dramatically：劇烈地

命運 ➡ | f | a | | |

fable [`febḷ]

fa (說話) + **ble** → 說（故事）

名 寓言，虛構的故事，無稽之談

I like to read Aesop's **Fables**.
我喜歡讀伊索寓言。

My mother always tells me some **fable**.
我母親總是會說些寓言故事給我聽。

寓言 ➡ | | | | | |

preface [ˋprɛfɪs]

pre（預先）+ fa（說話）+ ce → （在主旨）之前說的話

名（書籍、文章等的）序言，前言，前奏

He mentioned her name in the **preface**.
他在序言中提到了她的名字。　　*mention：提及

I forgot to write a **preface** to the book.
我忘了要寫這本書的序言。

序言 → ☐☐☐☐☐☐☐

confess [kənˋfɛs]

con（一起，全部）+ fess（說話）→ （向我）說出所有事情

動（向某人）坦承，告白，懺悔　名 confession 坦承，告解

He **confessed** that he had stolen the bag.
他坦承他偷了這個包包。

I have one more thing to **confess**.
我還有一件事要告解。

坦承 → ☐☐☐ f e s s

professor [prəˋfɛsɚ]

pro（在前面）+ fess（說話）+ or（人）→ 在（大學生）面前說話的人

名 教授　動 profess 公開宣稱，承認

I want to be a **professor**.
我想成為一位教授。

She is a **professor** at Seoul National University.
她是國立首爾大學一位教授。

教授 → ☐☐☐☐☐☐☐☐☐

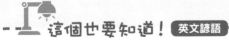
這個也要知道！ 英文諺語

A fault _____ed is half redressed.

承認錯誤，等於改正一半。　　*fault：錯誤，失誤 *redress：矯正，補救（錯誤）

答案：confess

Fun Quiz

Activity 1 先想想這個字根的含義，完成以下單字字母填空，然後根據單字的意思連結到對應的圖片。

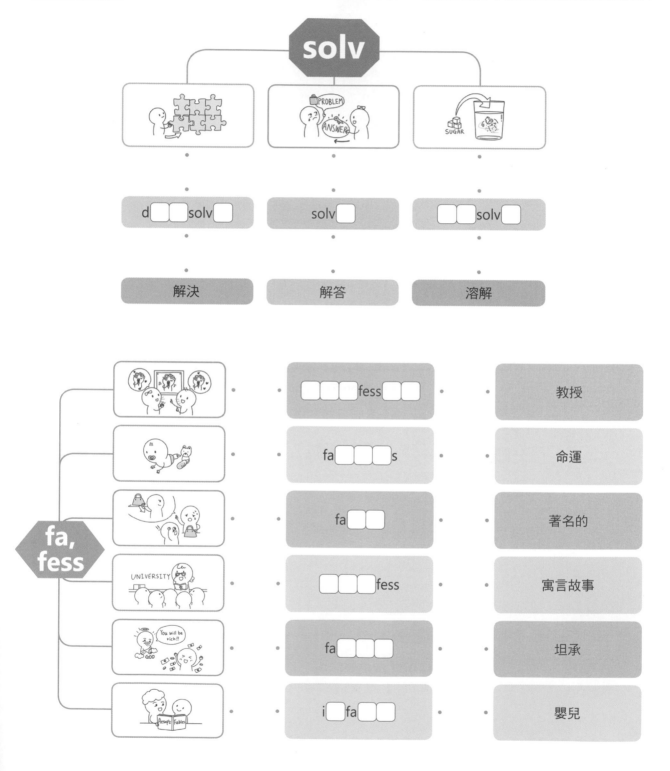

136

Activity 2 請根據以下 單字表，完成句子中的單字填空，以及右方的拼圖。

單字表　　fate　fable　resolve　preface　dissolve

[橫向]
❶ Sugar _____s in water.
糖在水中溶解了。

❷ My mother always tells me some
_____.
我母親總是會說些寓言故事給我聽。

❸ He mentioned her name in the _____.
他在序言中提到了她的名字。

[縱向]
❹ For that matter, I will _____ it.
針對那問題，我會解決的。

❺ His _____ is in my hands.
他的命運掌握在我手上。

❺ f
❹ r
❶ d
❷ f
❸ p

Activity 3 依句意填入適當的單字，並完成以下句中□的字母填空，然後根據數字順序寫出正確的單字。

1 He wants to be a □□□□□□[6] singer. 他想成為一位有名的歌手。

2 I was seriously ill as an □□□□□[3]. 我還是嬰兒的時候曾經病得很重。

3 He [1]□□□□□□[7]ed that he had stolen the bag. 他坦承他偷了這個包包。

4 I want to be a □□□[4][5]□□□□□. 我想成為一位教授。

5 He □[2]□□□d the puzzle quickly. 他很快就解開這個謎題了。

➜ [1]□ [2]□ [3]□ [4]□ [5]□ [6]□ [7]□ = □□□□□□□

Unit 20

pris 抓取（take）/ **cept** 拿著（hold）

pris
抓取（take）

prize（獎金，獎勵）這個字來自中世紀時舉辦的球賽中，攔截到（pris）一名敵隊球員的傳球，可以獲得一個獎勵的典故。所以 pris 有「抓取」的意思。另外，prison 之所以稱為「監獄」是因為它是犯人被「抓到」後要停留的地方。

---

enterprise [ˋɛntɚˌpraɪz]

enter（=inter 互相）＋ **pris**（抓取）＋ **e** → 彼此（勇敢地）互相抓住

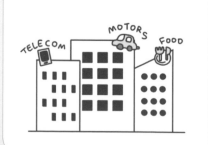

名 企業，事業（心），冒險精神

Multinational **enterprises** want good English speakers.
跨國企業都需要良好英文能力的人。　　*multinational：跨國公司的
He entered a big **enterprise**.
他進入一家大型企業。

企業 → | | | | | p | r | i | s |

prison [ˋprɪzn]

pris（抓取）＋ **on** ➜ 抓住（一個標的人或物）

名 監獄，監禁

My brother is in **prison**.
我哥哥被關在監獄裡。

He has been sent to **prison** for two years.
他已經入獄兩年了。　　*be sent to：被送到～

監獄 ➜ ☐☐☐☐☐☐

surprise [səˋpraɪz]

sur（=super在上）＋ **pris**（抓取）＋ **e** ➜（突然）從上方抓住

動 使感到驚訝　名 驚訝

The news **surprised** him.
這消息令他感到驚訝。

I have a **surprise** for you!
我有個驚喜要給你。

使感到驚訝 ➜ ☐☐☐☐☐☐☐☐

imprison [ɪmˋprɪzn]

im（=in在裡面）＋ **prison**（監獄）➜ 在監獄裡面

動 關押（在監獄），禁錮　名 imprisonment 監禁，關押

She was **imprisoned** for stealing money.
她因為偷錢而被關進監獄。　　*steal：偷竊

I don't want to **imprison** him.
我不想把他禁錮起來。

監禁 ➜ ☐☐☐☐☐☐☐☐

cept
拿著（hold）

cept 的意思是「拿著，握著」某物，和 pris 的意思相當接近。智慧手機有一個功能是「擷圖」（capture），也就是擷取（cept）液晶螢幕上顯示的圖像。cept 就是 capture 的字源。

---

accept [əkˋsɛpt]　　　　**ac**（=**ad**前往）+ **cept**（拿著）→ 前去拿著（目標物）

動 接受，同意　　名 acceptance 接受，同意

He **accepted** her apology.
他接受了她的道歉。

She didn't **accept** my present.
她不接受我的禮物。

接受 ➔ ⬜⬜ c e p t

---

except [ɪkˋsɛpt]

ex (往外) **+ cept** (拿著) → 將（特定物件）拿到外面去

介 除～之外　名 exception 例外

He works weekdays **except** Monday.
他平日每天都要上班，除週一之外。

Except that, you have many merits.
除了那個之外，你有許多優點。　　* merit：優點

除～之外 →

concept [ˋkɑnsɛpt]

con (一起) **+ cept** (拿著) → （所有人同意）一起拿著

名 概念，觀念

You don't have any **concept** of time.
你沒有任何時間觀念。

Did you understand the **concept**?
你了解這個概念嗎？

概念 →

reception [rɪˋsɛpʃən]

re (往回) **+ cept** (拿著) **+ ion** → 拿著（好的人事物）回來

名 接待會，接待會，接待處　動 receive 接收，迎接

Did you enjoy the **reception** yesterday?
你昨天的歡迎會玩得開心嗎？

Can I leave a message with **reception**?
我可以在接待處留下訊息嗎？

接待處 →

intercept [ˌɪntɚˋsɛpt]

inter (居中) **+ cept** (拿著) → 站在中間拿著

動 攔截，攔住

She **intercepted** the letter.
她攔截了這封信。

Reporters **intercepted** me as I left the hotel.
記者在我離開飯店時攔住了我。

攔截 →

Activity ① 先想想這個字根的含義，完成以下單字字母填空，然後根據單字的意思連結到對應的圖片。

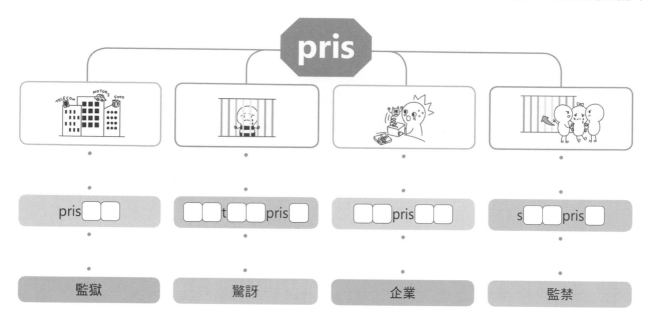

pris☐☐   ☐☐t☐☐pris☐   ☐☐pris☐☐   s☐☐pris☐

監獄   驚訝   企業   監禁

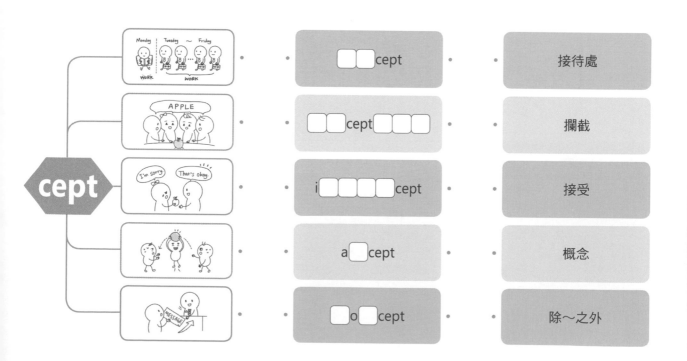

☐☐cept   接待處

☐☐cept☐☐☐   攔截

i☐☐☐☐cept   接受

a☐cept   概念

☐o☐cept   除～之外

Activity 2 請根據以下 單字表 ，完成句子中的單字填空，以及右方的拼圖。

單字表　　accept　　intercept　　reception　　concept　　except

1　She _____ed the letter.

　　她攔截了這封信。

2　You don't have any _____ of time.

　　你沒有任何時間觀念。

3　He _____ed her apology.

　　他接受了她的道歉。

4　Did you enjoy the _____ yesterday?

　　你昨天的歡迎會玩得開心嗎？

5　He works weekdays _____ Monday.

　　他平日每天都要上班，除週一之外。

R	I	N	T	P	E	C	C	A	I	X
I	X	T	A	R	X	I	N	O	P	R
N	P	E	I	C	T	E	T	A	C	A
T	I	P	N	A	N	P	X	R	N	T
E	A	X	T	I	E	A	E	O	E	X
R	T	E	P	C	X	R	A	C	O	C
C	P	X	N	A	P	O	I	N	X	A
E	A	O	R	N	T	C	O	R	A	E
P	C	A	P	E	R	X	I	P	R	T
T	E	R	I	N	C	A	N	T	I	C
P	T	R	E	C	E	P	T	I	O	N

Activity 3 按照正確的字母順序，完成以下句子空格中的單字拼寫。

1　**epruriss** → The news _____d him.

　　這消息令他感到驚訝。

2　**poisrn** → He has been sent to _____ for two years.

　　他已經入獄兩年了。

3　**pmirions** → She was _____ed for stealing money.

　　她因為偷錢而被關進監獄。

4　**eptserrine** → Multinational _____s want good English speakers.

　　跨國企業都需要良好英文能力的人。

st(a), (s)ist 站立（stand），忍受

st(a), (s)ist

站立（stand），忍受

當你要購買一位流行歌手的演唱會門票時，你可能得在站票（standing）與座票（seat）之間做選擇。你可以買座票，坐在椅子上觀看演唱會，你也可以買站票，站著（st）也可以享受演唱會的歡樂。st(a) 以及 (s)ist 都代表「站立」或站著的狀態。

stand [stænd]	**st**（站立）**+ and** ➜ 站著，站立 ➜ 挺直地站著（忍耐中）
	働 站立，站著，忍受 He is **standing** at the bus stop. 他正站在公車站上。 I can't **stand** his sister. 我無法忍受她姊姊。 站立 ➜ s t ☐ ☐ ☐

cost [kɔst]

co（=com一起）＋ st（站立）➔ 和（產品）站在一起

名 費用，成本　動 花費（多少錢）

The total **cost** to you is $20.
給你的總金額是 20 美元。

How much did it **cost**?
這個要價多少？

費用 ➔ ☐☐☐☐

stable [`steb!]

st（站立）＋ able（有能力的）➔ 能夠在立的（不會移動）

形 穩定的，牢固的　反 unstable 不穩定的

This ladder seems very **stable**.
這梯子似乎非常穩固。　　* ladder 梯子

You look **unstable**.
你看起來很不穩重。

穩定的 ➔ ☐☐☐☐☐☐

constant [`kɑnstənt]

con（一起）＋ sta（站立）＋ nt ➔ （一直）站在一起

形 恆常的，不變的，不渝的

Babies need **constant** care.
寶寶需要經常性的照顧。

Belief is **constant** in a changing world.
信仰在一個變遷的世界中是不會改變的。　　*belief：信仰

恆常的 ➔ ☐☐☐ s t a ☐

statue [`stætʃʊ]

sta（站立）＋ tue ➔ 站立的東西

名 （人、動物等的）雕像

A **statue** of King Sejong stands in Gwanghwamun Square.
一個朝鮮世宗國王的雕像站在光化門廣場上。

The **Statue** of Liberty is in New York.
自由女神像在紐約。

雕像 ➔ ☐☐☐☐☐☐

resist [rɪˋzɪst]

re（往後）＋ **sist**（=stan站立）→（身體）往後站立

動 抵抗，抗拒，反抗　名 resistance 阻力，抵抗力

I couldn't **resist** it.
我無法抗拒它。

He could not **resist** opening the present.
他忍不住把這禮物打開來看。

抵抗 → | | s | i | s | t

consist [kənˋzɪst]

con（一起）＋ **sist**（=stand站立）→ 站在一起（以形成一個群組）

動 組成，構成

This drink **consists** of apples, water and sugar.
這飲料由蘋果、水與糖構成。

Hair mainly **consists** of protein.
頭髮主要是由蛋白質組成。　　*protein：蛋白質

組成 →

insist [ɪnˋsɪst]

in（在裡面）＋ **sist**（=stand站立）→（持續）站在裡面（的某個位置）

動 堅持，堅決主張　名 insistence 堅持，執著

She **insisted** on her innocence.
她堅持自己是無辜的。　　*innocence：無辜，無罪

My son **insisted** on going out, rain or shine.
我兒子堅持要外出，無論下雨或晴天。

堅持 →

assist [əˋsɪst]

as（=ad前往）＋ **sist**（=stand站立）→（下一步）移至站著的位置

動 （從旁）協助，幫助，（運動比賽）助攻
名 幫助，（運動比賽）助攻　名 assistance 幫助，援助

I will **assist** you in your work.
我會在你的工作上協助你。

He had three **assists** and a goal.
他有三次助攻及一次進球（的表現）。

助攻 →

exist [ɪgˈsɪst]

ex (向外) **+ ist** (=sist站立) ➔ 站到外面來

My Cat — REAL
Ghosts — NOT REAL

動 存在，生存　名 existence 存在，生存，生活

Ghosts do not **exist**.
鬼魂並不存在。　　* ghost：鬼魂，幽靈
Your name does not **exist** on the list.
你的名字不在這名單上。

存在 ➔ ☐ ☐ i s t

這個也要知道！ 英文諺語

It is hard for an empty sack to ＿＿＿＿＿＿ straight.

衣食足而知榮辱。　　*empty：空白的 *sack：麻袋

答案：stand

由～組成

- **consist of**　　　The group consists of five members.
- **be composed of**　The group is composed of five members.
- **be made up of**　The group is made up of five members.

　　　　　　　　　　這個團體是由五名成員所組成。

Activity ❶ 先想想這個字根的含義，完成以下單字字母填空，然後根據單字的意思連結到對應的圖片。

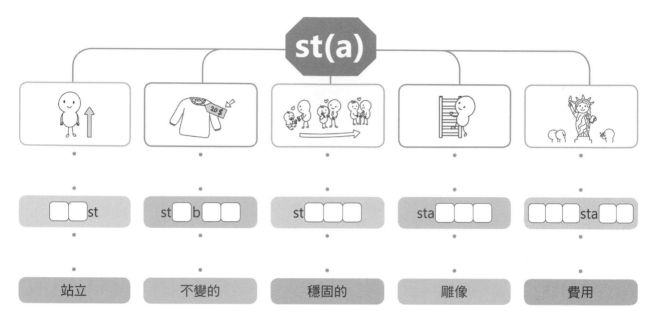

st(a)

☐☐st	st☐b☐☐	st☐☐☐	sta☐☐☐	☐☐☐sta☐☐

站立	不變的	穩固的	雕像	費用

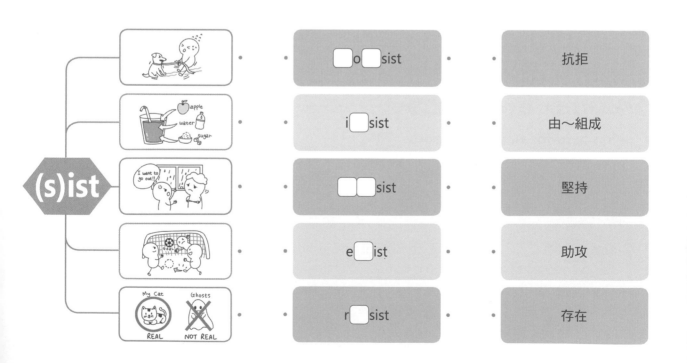

(s)ist

☐o☐sist	抗拒
i☐sist	由～組成
☐☐sist	堅持
e☐ist	助攻
r☐sist	存在

Activity ② 請根據以下 單字表 ，完成句子中的單字填空，以及右方的拼圖。

單字表　　exist　consist　constant　stable　statue

[橫向]

❶ Babies need _____ care.

寶寶需要經常性的照顧。

❷ This ladder seems very _____.

這梯子似乎非常穩固。

❸ The _____ of Liberty is in New York.

自由女神像在紐約。

[縱向]

❹ This drink _____s of apples, water and sugar.

這飲料由蘋果、水與糖構成。

❺ Ghosts do not _____.

鬼魂並不存在。

Activity ③ 依句意填入適當的單字，並完成以下句中□的字母填空，然後根據數字順序寫出正確的單字。

1 He is □□□□[2]□ ing at the bus stop. 他正站在公車站上。

2 The total □□□[3]□ to you is $20. 給你的總金額是 20 美元。

3 I couldn't □□□□[5]□ it. 我無法抗拒它。

4 She [1]□□□[4]□□ ed on her innocence. 她堅持自己是無辜的。

5 I will □□□□□[6] you in your work. 我會在你的工作上協助你。

→ [1]□ [2]□ [3]□ [4]□ [5]□ [6]□ = □□□□□□

Unit 22

pos(e), pon 放置（put）/
fer 載運，攜帶（carry）

pos(e), pon
放置（put）

在觀看世界杯足球賽時，播報員會在比賽開始之前介紹各名球員的位置（position）。「位置」也是指球員在球場上所擔綱的角色。就教練個觀點來說，它是指球員被放置（pos）在球場上的位置。現在就從以下字彙中來學習字根 pos(e)，以及它的變化形 pon。

pose [poz]	pose（放置）➡（為了拍照，把身體）放定位

動 擺姿勢，把～擺正　**名** 姿勢，作勢

I **posed** for a picture.
我擺了個姿勢要照相。

Hold that **pose**.
就這個姿勢（別動）。

擺姿勢 ➡ | p | o | s | e |

purpose [ˋpɝ·pəs]

pur（=**pro**往前）+ **pose**（放置）→ 將（工作的事）擺在眼前並思考

名 目的，意圖

What is the **purpose** of telling me that?
告訴我那件事的目的是什麼？

I didn't do that on **purpose**.
我並非有意那麼做。　　*on purpose：故意地

目的 ➔

suppose [səˋpoz]

sup（=**sub**在下方）+ **pose**（放置）→ 將（想法）擺在心底

動 認為，假定

Let us **suppose** that it is false.
我們就以那件事是假的為前提。　　*false：假的

I **suppose** prices will go down.
我認為價格會走跌。

認為 ➔

positive [ˋpazətɪv]

pos（放置）+ **itive** →（一定要）擺放 → 積極的，正面的

形 確定的，正面的　　反 **negative** 負面的

Think **positive**.
正面思考。

Don't be **negative**.
別太負面。

正面的 ➔ | p | o | S | | | | | |

postpone [postˋpon]

post（在後）+ **pon**（=**put**放置）+ **e** → 把（要做的事）放在後面

動 使延期，延緩

Can you **postpone** it until tomorrow?
你可以將它延後到明天嗎？

The game was **postponed** until Sunday.
這場比賽延後到週日。

使延期 ➔ | | | | | p | o | n |

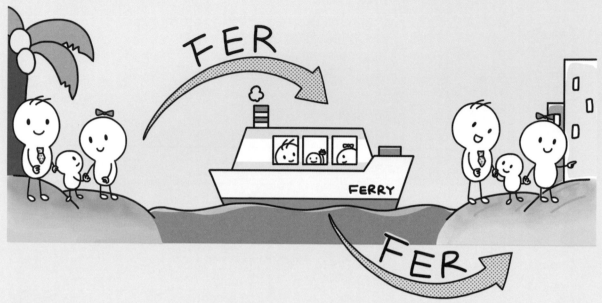

fer
載運，攜帶
（carry）

可以搭載許多乘客的「渡輪」，英文是 ferry。這個字源自於字根 fer，它的意思是「載運，攜帶」。2014 年曾發生世越號渡輪（Sewol Ferry）沈船事件。

different [ˋdɪfərənt]

dif（=**dis**分離）+ **fer**（攜帶）+ **ent** → 從（一群中）帶離出來

形 不同的，特別的　名 difference 差異，差距

He is **different** from his son.
他和他兒子不同。

There are many **different** types of pizza in the world.
世界上有許多不同類型的披薩。

不同的 →

			f	e	r			

152

prefer [prɪˋfɝ]

pre（預先）+ **fer**（載運）→（在別人還沒去拿之前）預先去運回來

動 寧可，較喜歡　名 preference 偏好（的人事物）

I **prefer** jazz to dance music.
比起舞曲，我比較喜歡爵士樂。

He **prefers** a used car to a brand new one.
他寧可買二手車，也不要買全新的。

寧可 ➡ ☐ ☐ ☐ ☐ ☐

refer [rɪˋfɝ]

re（再次）+ **fer**（攜帶）→ 將（別人講的話）再帶出來一次
　　　　　　　　　　　　➡（為滿足好奇心）再帶出來一次

動 打聽，參考　名 reference 提及，參照，推薦

Don't **refer** to that happening again.
別再提起已經發生的事了。

Refer to the book when you don't know.
當你不了解時，參考這本書。

打聽 ➡ ☐ ☐ ☐ ☐ ☐

confer [kənˋfɝ]

con（一起）+ **fer**（攜帶）→ 一起將（資格、學位等）帶給某人
　　　　　　　　　　　　➡ 將（意見）一起移動

動 賦予，商談　名 conference 討論會，商談

He **conferred** a degree on each student.
他將學位授予每一位學生。　*degree：學位

I need some time to **confer** with my parents.
我需要一些時間和我父母討論一下。

賦予 ➡ ☐ ☐ ☐ ☐ ☐

ferry [ˋfɛrɪ]

fer（載運）+ **ry** ➡ 載運（人、物資等）

名 渡輪，擺渡船

The Sewol **Ferry** sank to the bottom of the sea in 2014.
世越號渡輪於 2014 年沉沒到海底。　*sink：下沉

He crossed the river by **ferry**.
他搭乘渡論通過這條河。

渡輪 ➡ ☐ ☐ ☐ ☐ ☐

Fun Quiz

Activity ① 先想想這個字根的含義，完成以下單字字母填空，然後根據單字的意思連結到對應的圖片。

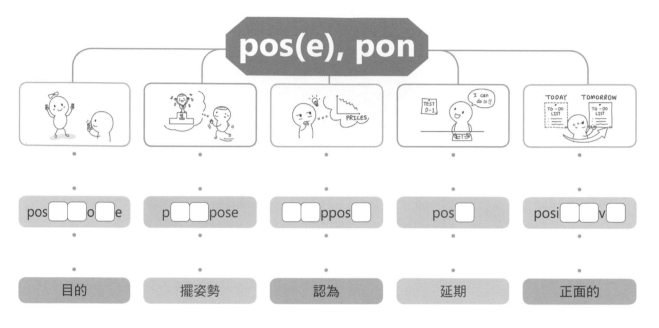

pos(e), pon

pos☐☐o☐e	p☐☐pose	☐☐ppos☐	pos☐	posi☐☐v☐

目的	擺姿勢	認為	延期	正面的

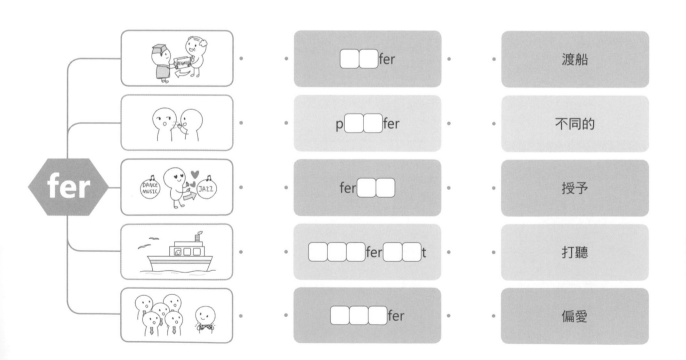

fer

☐☐fer	渡船
p☐☐fer	不同的
fer☐☐	授予
☐☐☐fer☐☐t	打聽
☐☐☐fer	偏愛

154

Activity 2 請根據以下 單字表，完成句子中的單字填空，以及右方的拼圖。

單字表　　positive　　different　　postpone　　purpose　　suppose

1　He is _____ from his son.

　他和他兒子不同。

2　I _____ prices will go down.

　我認為價格會走跌。

3　What is the _____ of telling me that?

　告訴我那件事的目的是什麼？

4　Think _____.

　正面思考。

5　The game was _____d until Sunday.

　這場比賽延後到週日。

P	T	N	E	R	E	F	F	I	D
N	P	O	S	E	N	I	S	P	N
O	R	U	E	T	S	U	O	R	E
E	S	O	P	R	U	P	T	V	N
S	N	S	R	N	S	V	I	R	O
T	E	P	T	E	R	T	U	S	P
U	S	O	S	P	I	R	I	E	T
P	V	N	E	S	O	P	P	U	S
T	O	T	O	T	R	V	E	N	O
R	S	P	V	U	S	E	O	R	P

Activity 3 按照正確的字母順序，完成以下句子空格中的單字拼寫。

1　**rpeerf** ➡ I _____ jazz to dance music.

　比起舞曲，我比較喜歡爵士樂。

2　**eferr** ➡ _____ to the book when you don't know.

　當你不了解時，參考這本書。

3　**fryer** ➡ He crossed the river by _____.

　他搭乘渡論通過這條河。

4　**cfoenr** ➡ He _____red a degree on each student.

　他將學位授予每一位學生。

5　**opes** ➡ I _____d for a picture.

　我擺了個姿勢要照相。

ven(t) 去，來（come）/ ver 轉動（turn），轉變

ven(t)

去，來（come）

「攤販」就是指在街上賣東西的人，它的英文是 vendor。這是因為它含有 ven 這個字根，表示「來」或「去」。英文裡的「排氣孔」就是 vent，當然它也有 ven 這個字根的意思在內。

event [ɪˈvɛnt]	e（＝ex出）＋ vent（來到）→（從日常生活中）冒出來

名 盛事，活動，（比賽）項目

This **event** is held every day during the vacation.
這活動在假期當中每天都會舉辦。

What a great **event**!
真是一大盛事啊！

盛事 → ☐ v e n t

invent [ɪn`vɛnt]

in（往內）＋ **vent**（來到）→（新的想法）進來

🔟 發明，捏造（不真實的事物）　🔠 invention 發明物，創作品

I **invented** a cleaning robot.
我發明了一個可做清潔工作的機器人。

What excuse did she **invent** this time?
她這次又捏造什麼藉口了？

發明 ➜ ☐☐☐☐☐☐

prevent [prɪ`vɛnt]

pre（預先）＋ **vent**（來到）→ 讓（可能發生的事）提前來到（腦中）

🔟 防止，阻止，預防　🔠 prevention 防止，預防

Nothing can **prevent** me from succeeding.
沒有任何事情可以阻止我取得成功。　　＊ succeed：成功

Washing your hands is the first step to **prevent** colds.
洗手是避免感冒的第一步驟。

防止 ➜ ☐☐☐☐☐☐☐

adventure [əd`vɛntʃɚ]

ad（前往）＋ **ven**（去）＋ **ture** ➜ 前去（你眼前的未知世界）

🔠 冒險，投機

My life is one big **adventure**.
我的生活是一大冒險。

He doesn't want **adventure** any more.
他不想再冒任何風險了。

冒險 ➜ ☐ v e n ☐☐☐☐

convention [kən`vɛnʃən]

con（一起）＋ **ven**（來，去）＋ **tion** ➜ （約定好要）一起來

🔠 大會，會議，集合，慣例　🔟 convene 召集，集會，聚集

I will attend the **convention**.
我將參加這場大會。　　＊attend：參加

The United Nations **convention** on the rights of the child
聯合國召開為兒童人權大會。　　＊UN：聯合國

大會 ➜ ☐☐☐☐☐☐☐☐☐

revenge [rɪˋvɛndʒ]　　　**re**（往回）**+ ven**（來去）**+ ge →**（因為有事）回過頭前去

動 替～報仇　名 報仇

He **revenged** his mother's death.
他為他母親的死報了仇。

Never seek **revenge** on your family.
切勿對你的家人展開復仇。　　　*seek：尋求，尋找

報仇 →

ver

轉動（turn），轉變

有一種車子，讓你可以在天氣晴朗時打開或關閉車頂，有人稱它叫作「敞篷車（open car）」。不過這並不是正式的說法。正式說法應該是 convertible car（或是 convertible）。請記住 convertible 這個字當中的字根 ver，它有「轉動」的意思。

universe [ˈjunə͵vɝs]

uni（單一）+ **ver**（轉動）+ **se** → 一個整體（裡面很多東西）在轉動

名 宇宙，天地萬物

There are many stars in the **universe**.
宇宙中有許多星星。

Earth is a small part of the **universe**.
地球是宇宙的一小部分。

宇宙 → | | | v | e | r | |

---

advertise [ˈædvɚ͵taɪz]

ad（前往）+ **ver**（轉變）+ **tise** → 去轉移（某人的注意力）

動 廣告，宣傳　名 advertisement 廣告

She **advertises** the new product on TV.
她在電視上為這新產品打廣告。

Advertise your shop on the radio.
透過電台為你的店做宣傳。

廣告 → | | | | | | | | |

---

reverse [rɪˈvɝs]

re（往回，再次）+ **ver**（轉變）+ **se** → 往回或反方向轉

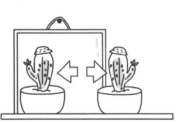

動 反向，翻轉，倒退　名 相反，（車子的）倒退檔

An object is **reversed** in a mirror.
一個物體在鏡子裡呈現反向。

In fact, the **reverse** is true.
事實上，反過來看才是真實的。

反向 → | | | | | | | |

---

convert [kənˈvɝt]

con（一起）+ **ver**（轉變）+ **t** → 大家一起轉變（方向）

動 轉換，改裝　名 convertible 敞篷車

The factory **converts** waste into energy.
工廠將廢料轉換成能源。

I **converted** the toilet into a storage closet.
我將廁所改裝成儲藏室。　　　*storage closet：雜物儲藏室或小空間

轉換 → | | | | | | | |

Fun Quiz

Activity ① 先想想這個字根的含義，完成以下單字字母填空，然後根據單字的意思連結到對應的圖片。

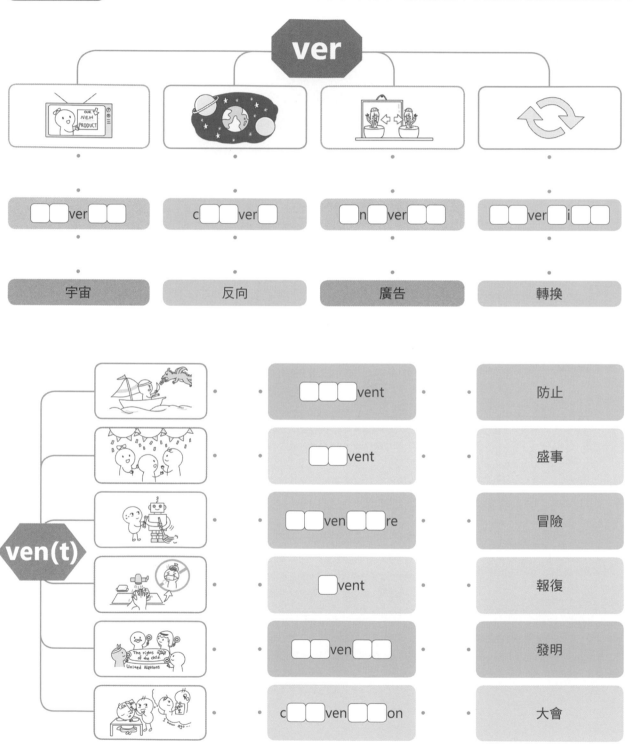

ver

☐☐ver☐☐

c☐☐ver☐

n☐ver☐☐

☐☐ver☐i☐☐

宇宙

反向

廣告

轉換

ven(t)

☐☐☐vent — 防止

☐☐vent — 盛事

☐☐ven☐☐re — 冒險

☐vent — 報復

☐☐ven☐☐ — 發明

c☐☐ven☐☐on — 大會

Activity ❷ 請根據以下 單字表，完成句子中的單字填空，以及右方的拼圖。

單字表　　reverse　　adventure　　invent　　event　　convert

[橫向]

❶ He doesn't want _____ any more.

他不想再冒任何風險了。

❷ The factory _____s waste into energy.

工廠將廢料轉換成能源。

[縱向]

❸ What excuse did she _____ this time?

她這次又捏造什麼藉口了？

❹ What a great _____!

真是一大盛事啊！

❺ In fact, the _____ is true.

事實上，反過來看才是真實的。

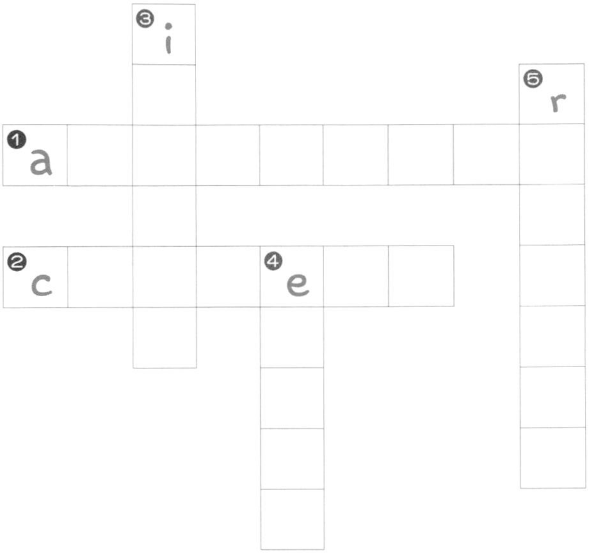

[Crossword grid with ❸i, ❺r across the top; ❶a, ❷c, ❹e as labeled starting cells]

Activity ❸ 依句意填入適當的單字，並完成以下句中□的字母填空，然後根據數字順序寫出正確的單字。

1 Washing your hands is the first step to [❶□□□□□□□□] colds. 洗手是避免感冒的第一步驟。

2 I will attend the [□□□□❹□□□❼□□]. 我將參加這場大會。

3 Never seek [❷□□□□□□□] on your family. 切勿對你的家人展開復仇。

4 There are many stars in the [□❻□□□□□□□]. 宇宙中有許多星星。

5 She [□□□❸□□□□❺]s the new product on TV. 她在電視上為這新產品打廣告。

➡ [❶□ ❷□ ❸□ ❹□ ❺□ ❻□ ❼□] = [_____]

press 按壓 / -duce, -duct 引導

PRESS

10 minutes later

press
按壓

施加的力道稱為「壓力（pressure）」，所以當空氣受到壓力時會變成「氣壓（air pressure）」，當水受到壓力時稱為「水壓（water pressure）」，當血液對血管施加壓力時，稱之為「血壓（blood pressure）」。綜上，我們知道 press 的意思就是「按壓」。

press [prɛs]	press（按壓）➜ 按壓
	➜（在紙上面的字）按壓 ➜ 報刊，印刷機

動 按壓，施壓　名 報刊（或雜誌），印刷機

He **pressed** me with questions.
他提出問題來對我施壓。

His story was reported in the **press**.
他的故事在媒體上被報導出來了。　　*report：報道，報告

按壓 ➜ | p | r | e | s | s |

impress [ɪm`prɛs]

im (=in在內) + press (按壓) ➜ 按在某人內心中按壓

動 使～印象深刻，使銘記在心　形 impressive 給人深刻印象的

She **impressed** me with her honesty.
她的真誠令我印象深刻。　　* honesty：誠實

It **impressed** me that you remembered my name.
你記得我的名字，令我感動。

使印象深刻 ➜ ☐☐☐☐☐☐☐

depress [dɪ`prɛs]

de (=down往下) + press (按壓) ➜ 將（心情）往下按壓

動 使沮喪／心灰意冷　名 depression 沮喪，意志消沉

The news **depressed** him.
這消息令他沮喪。

I don't want to **depress** her too much.
我不想讓她感到太喪志。

使感到沮喪 ➜ ☐☐☐☐☐☐☐

pressure [`prɛʃɚ]

press (按壓) + ure ➜ 按壓（的結果）

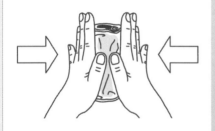

名 擠壓，壓力（=stress），壓迫

Check the tire **pressure** every month.
每個月檢查胎壓。

You need to handle **pressure** in this job.
你必須去處理工作中的壓力。　　*handle：處理，管理

壓力 ➜ ☐☐☐☐☐☐☐☐

oppress [ə`prɛs]

op (逆向，對著) + press (按壓) ➜ 對著某物按壓

動 壓迫，迫害　名 oppression 壓迫，壓抑

Why do you **oppress** the workers?
為什麼你要壓榨這些工人？

She **oppressed** the poor.
她迫害貧困者。

壓迫 ➜ ☐☐☐☐☐☐☐

163

-duce, -duct

引導

duce, duct 的意思是「引導（lead）」。所謂「推論」（英文是 deduce）一詞是指根據各種資料引導出（duce）一些判斷。數學裡的「扣除」，英文可以用 deduct 來表示，其實它跟 deduce 有相同的概念，都是從一個總數當中移除一部分。

---

produce [prə`djus]

pro（往前）+ **duce**（引導）→ 往前引導（為了將材料放進機器中成產）

動 製造，生產　名 production 生產，產物，製作

My dream is to **produce** a film.
我的夢想是拍攝電影。

We **produce** large amounts of trash every day.
我們每天生產大量的垃圾。　* amount：（什麼的）量　* trash：垃圾

生產 ➔ ☐☐☐☐ d u c e

reduce [rɪ`djus]	**re** (往回) + **duce** (引導) → 將（要放進機器中的材料）引導回去

動 減少，降低　名 reduction 減少，降低

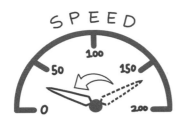

Reduce your speed!
降低你的速度。
The color green helps **reduce** stress.
綠色有助於減輕壓力。

減少 → ☐☐☐☐☐☐

conduct [kən`dʌkt] [`kɑndʌkt]	**con** (一起) + **duct** (引導) → 引導許多（各行各業的）人在一起

動 指揮，帶領，實施　名 行為，舉動
名 conductor 指揮，管理人，響導

The guide **conducted** us through the museum.
導遊引領我們穿越博物館。
Your **conduct** contradicts your words.
你的行為與你說的話相牴觸。　　*contradict：牴觸

指揮 → ☐☐☐ d u c t

deduct [dɪ`dʌkt]	**de** (=off離去) + **duct** (引導) → 將（全部當中的一些）引導離開

動 扣除，減去，刪減　名 deduction 扣除，減去

The cost of your meal will be **deducted** from your salary.
你的餐費將從你的薪水當中扣除。　　*salary：薪水
I will **deduct** 5 points for every mistake.
我將針對每一項錯誤扣5分。

扣除 → ☐☐☐☐☐

這個也要知道！　英文諺語

An onion will not _____ a rose.
洋蔥裡長不出玫瑰。（烏鴉裡飛不出金鳳凰。）

答案：produce

Activity 1 先想想這個字根的含義，完成以下單字字母填空，然後根據單字的意思連結到對應的圖片。

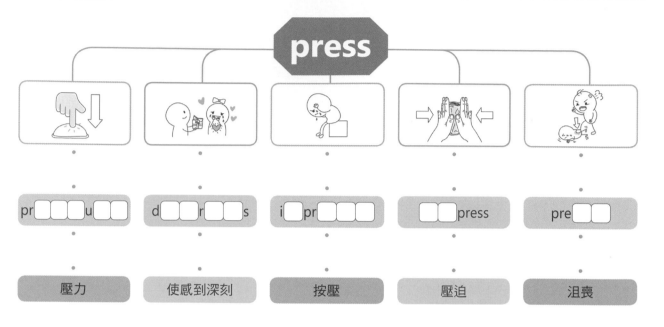

press

pr□□□u□□	d□□r□□s	i□pr□□□	□□press	pre□□
壓力	使感到深刻	按壓	壓迫	沮喪

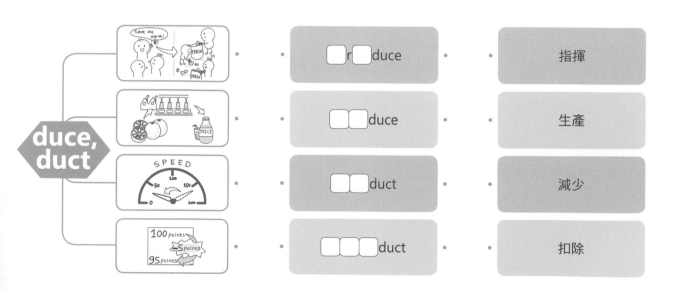

duce, duct

□r□duce	指揮
□□duce	生產
□□duct	減少
□□□duct	扣除

Activity 2 請根據以下 單字表 ，完成句子中的單字填空，以及右方的拼圖。

單字表　　pressure　oppress　impress　reduce　depress

1　Why do you _____ the workers?

　為什麼你要壓榨這些工人？

2　I don't want to _____ her too much.

　我不想讓她感到太喪志。

3　Check the tire _____ every month.

　每個月檢查胎壓。

4　The color green helps _____ stress.

　綠色有助於減輕壓力。

5　She _____ed me with her honesty.

　她的真誠令我印象深刻。

P	O	P	R	E	C	U	D	E	R
E	D	M	S	I	D	R	E	E	U
M	E	P	R	D	U	I	R	S	E
I	S	M	U	P	S	U	O	D	I
O	P	P	R	E	S	S	U	E	D
M	R	O	D	S	E	I	E	P	R
S	U	E	E	O	R	M	P	R	I
R	I	R	O	D	P	R	S	E	D
M	P	D	U	P	M	D	E	S	U
U	M	R	P	S	I	O	R	S	R

Activity 3 按照正確的字母順序，完成以下句子空格中的單字拼寫。

1　**droucep**　➡　My dream is to _____ a film.

　　　　　　　　我的夢想是拍攝電影。

2　**dudect**　➡　I will _____ 5 points for every mistake.

　　　　　　　　我將針對每一項錯誤扣5分。

3　**cuoncdt**　➡　The guide _____ed us through the museum.

　　　　　　　　導遊引領我們穿越博物館。

4　**esrps**　➡　He _____ed me with questions.

　　　　　　　　他提出問題來對我施壓。

port 港口，載運（carry）/ tail 切斷（cut）

PORT

CARRY

?!!

Hello!

WELCOME!

port

1. 港口 2. 載運（carry）

「載運（carry）」這個字源自於「港口」，因為船隻搭載乘客或行李往返港口（port）。所以我們是不是應該來看看，哪些單字是以「進（in）港」、「出（ex）港」或「過（pass）口」的意思來創造的？

---

port [port]	**port**（港口）→（進出）港口
	名 港口　名 porter 搬運工，腳夫 The ship landed at the **port**. 這艘船在港口停泊。　　*land：登陸，停靠 Write down your **port** of departure. 寫下您的出境港口（名稱）。　　*departure：出境 港口 → p o r t

airport [`ɛr,port]

air（天空，空氣）**＋ port**（港口）→ 飛機進出的港口（機場）

名 機場

The plane landed at Jeju International **Airport**.
這架飛機於濟州國際機場著陸。

How can I get to Gimpo International **Airport**?
我要如何前往金浦國際機場呢？

機場 ➡ ☐☐☐☐☐☐☐

passport [`pæs,port]

pass（通過）**＋ port**（港口）→ 通過港口／機場需要的東西

名 護照，通行證

May I see your **passport**?
我可以看一下您的護照嗎？

I should apply for a **passport** so I can visit Japan.
我應該去申請護照，才能前往日本。　　* apply：申請

護照 ➡ ☐☐☐☐☐☐☐

import [ɪm`port] [`ɪmport]

im（=**in**裡面）**＋ port**（港口）→（載運物資）進入港口

動 進口　名 進口（商品）

Korea **imports** meat from Australia.
韓國從澳洲進口肉類。

This is an **import** from Canada.
有一種來自加拿大的進口商品。

進口 ➡ ☐☐☐☐☐☐

export [ɪks`port] [`ɛksport]

ex（出）**＋ port**（港口）→（載運物資）從港口出去

動 出口　名 出口（商品）

Germany **exports** cars to many countries.
德國出口汽車到許多國家。

North Korea's main **export** is coal.
北韓的主要出口品是燃煤。　　*coal：燃煤

出口 ➡ ☐☐☐☐☐☐

report [rɪ`port]

re (往回，重新) + **port** (載運) → 將（各方面的研究方法與結果）帶回家

名 報告，報導　動 報導，通報

When will you finish your **report**?
你何時會完成你的報告呢？
The doctor **reported** the patient was getting better.
醫師通報這名病患已漸入佳境。
* patient：病患　* get better：（疾病等）獲得改善

報告 ➜ ⬚⬚⬚⬚⬚⬚

transport [træns`port] [`træns‚port]

trans (穿越) + **port** (載運) → 載運並穿越至（另外一邊）

動 運送，運輸　名 運輸，交通工具

The buses **transport** tourists.
這些巴士搭載著觀光客。　　* tourist：觀光客
Her bike is her only means of **transport**.
她的腳踏車是她唯一的交通工具。　　*means：工具

運輸 ➜ ⬚⬚⬚⬚⬚⬚⬚⬚⬚

tail

切斷（cut）

雖然我們都知道 tail 是「尾巴」的意思，不過 tail 這個字根有「切割」之意。如果一隻蜥蜴遇到被抓住尾巴（tail）的危機時，她會自己切斷尾巴逃生。因此，留下來的就是「切斷」的尾巴。請以蜥蜴「斷尾（tail）求生」的本能，記住字根 tail 表示「切斷」吧！

tail [tel]

tail（切斷）➔（在尾部）切斷

图 尾，尾部

A cat has a long **tail**.
貓有一條長長的尾巴。

The police were making up the **tail** of the procession.
警方組隊在列隊的尾部。　*make up：組成～　* procession：列隊，行列

尾部 ➔ | t | a | i | l |

detail [`ditel]

de（=off分離）+ **tail**（切斷）➔（從整體）將（小部分）個別切斷

图 細節，詳情，詳述

Can you tell me about them in **detail**?
你可以詳細地告訴我這些事嗎？

She has an eye for **detail**.
她會去注意細節的部分。　　*have an eye for...：關注，注意～

細節 ➔ | | | | | | |

retail [`ritel]

re（返回，重新）+ **tail**（切斷）➔ 重新切貨（以小單位賣出）

形 零售的　反 wholesale 批發的

It is not being sold in **retail** stores.
這種東西目前零售店沒有在賣。

The **retail** price is 40% more than the **wholesale** price.
零售價比批發價還要貴四成。

零售的 ➔ | | | | | | |

tailor [`telɚ]

tail（切斷）+ **or**（人）➔ 做切斷工作的人

图 裁縫師

The **tailor** measured me for a new jacket.
裁縫師為我量身訂做一件新的夾克。　　*measure：測量

The **tailor** shortened my clothes.
裁縫師將我的衣服修短。

裁縫師 ➔ | | | | | | |

Activity 1 先想想這個字根的含義，完成以下單字字母填空，然後根據單字的意思連結到對應的圖片。

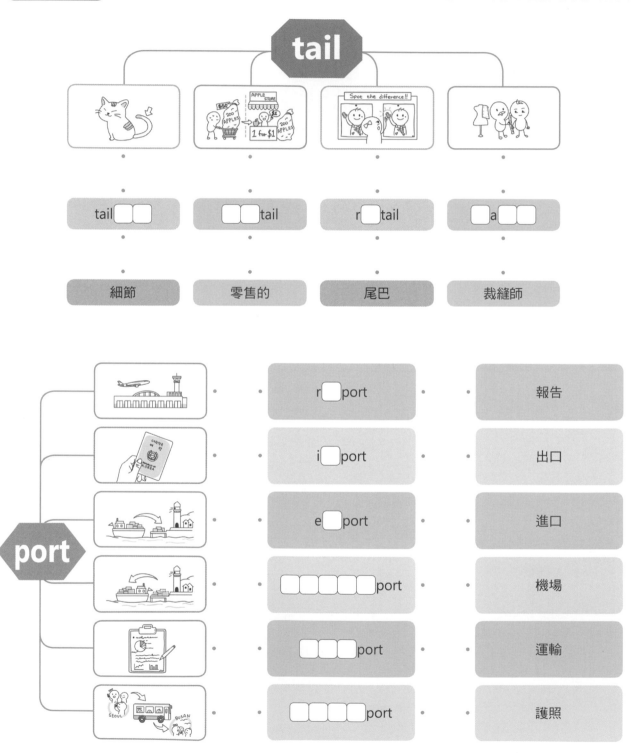

Activity 2 請根據以下 單字表 ，完成句子中的單字填空，以及右方的拼圖。

單字表 　tail　report　import　tailor　transport　passport

[橫向]

❶ The _____ shortened my clothes.

裁縫師將我的衣服修短。

❷ May I see your _____ ?

我可以看一下您的護照嗎？

❸ This is an _____ from Canada.

有一種來自加拿大的進口商品。

❹ When will you finish your _____ ?

你何時會完成你的報告呢？

[縱向]

❺ The buses _____ tourists.

這些巴士搭載著觀光客。

❻ A cat has a long _____ .

貓有一條長長的尾巴。

Activity 3 依句意填入適當的單字，並完成以下句中□的字母填空，然後根據數字順序寫出正確的單字。

1 She has an eye for [□□□□□□□] . 她會去注意細節的部分。

2 It is not being sold in [□□□□□□] stores. 這種東西目前零售店沒有在賣。

3 The ship landed at the [□□□□] . 這艘船在港口停泊。

4 How can I get to Gimpo International [□□□□□□□] ? 我要如何前往金浦國際機場呢？

5 North Korea's main [□□□□□□] is coal. 北韓的主要出口品是燃煤。

→ [❶][❷][❸][❹][❺][❻] = [　　　　　]

(s)pect 看（look, see）/
cur 照護，治療，細心照料

(s)pect
看（look, see）

近來有一些字有「英文中文化」的趨勢。例如，如果有一部電影非常好看，就會說它真是 spectacle（精彩）啊！spectacle 這個字的其實就是指「視覺的饗宴（好看的人事物）」，其中 spect 這個字根表示「看」。

respect [rɪˋspɛkt]	**re**（返回，重新）+ **spect**（看）➡ 重新再看（某人）➡ 表示重視

動 尊敬，遵守　名 尊敬，敬意

I **respect** my mother.
我尊敬我的母親。
He has no **respect** for my feelings.
他不尊重我的感受。

尊敬 ➡ ☐ ☐ s p e c t

inspect [ɪn`spɛkt]

in (往內) + **spect** (看) ➜ 往裡面看（細節部位）

動 查看，調查（細節） 名 inspection 查看，視察

The police **inspected** the accident.
警方調查了這次意外事件。

She **inspected** the used car.
她查看了這部二手車。

查看 ➜

suspect [sə`spɛkt] [`sʌspɛkt]

su (=**sub**在下方) + **spect** (看) ➜ 從下方（往上）看過去

動 懷疑 名 疑犯，可疑分子 名 suspicion 疑心，猜疑，嫌疑

Don't **suspect** me. I did nothing.
別懷疑我。我什麼都沒做。

He is the second **suspect** in the case.
他是這件案子裡的第二名嫌疑人。

懷疑 ➜

aspect [ə`spɛkt]

a (=**ad**前往) + **spect** (看) ➜ 從（多個方位）來看（某事件）

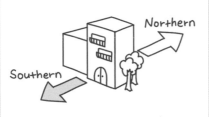

名 方面，面向，觀點，樣子

Think about all **aspects** of the question.
針對問題的每個層面來思考。

My house has a southern **aspect**.
我的家面向南方。 *southern：南方的

方面 ➜

prospect [`prɑspɛkt]

pro (往前) + **spect** (看) ➜ 往前看過去

名 展望，（未來的）可能性

There is no **prospect** for peace.
還看不到和平的曙光。

The **prospect** of him marrying her is low.
他會娶她的可能性很低。

展望 ➜

spectator [spεk`tetɚ]	**spect**（看）＋**at**＋**or**（人）→ 正在看的人

名（運動比賽的）觀眾

The **spectator** tried to catch the ball.
這名觀眾試圖要去接那顆球。

The number of **spectators** was two thousand.
觀眾人數是兩千人。

觀眾 ➔ ☐☐☐☐☐☐☐☐☐

expect [ɪk`spεkt]	**ex**（向外）＋**pect**（看）→ 往外面、未來看過去

動 預期，期待　名 expectation 期待，期望

I **expect** to find a good job.
我期待能夠找到好的工作。

I didn't **expect** that question.
我沒預料到會是那問題。

預期 ➔ ☐☐ p e c t

cur

照護，治療，細
心照料

有一首歌的歌名叫作 I don't care!，意思是「我不在乎！」care 這個字來自字根 cur。cur 有「照護」及「治療」的意思。另外，它還有「細心照顧」的意思，因為在治療病患之後，還必須用心照護，能夠康復。

curious [ˋkjʊrɪəs]	cur（細心，照護）+ ious ➡ 關注，感興趣

動 感到好奇的

I was a **curious** child.
我（以前）是個好奇的小孩。
I'm very **curious** about my future job.
我對於我未來的工作感到非常好奇。

好奇的 ➡ | c | u | r | | | | |

cure [kjʊr]	cur（治療）+ e ➡ 治療

動 治癒　**名** 治療（法）

Will you be able to **cure** my son, doctor?
醫師，您可以將我兒子治癒嗎？
There is still no **cure** for a cold.
感冒仍然還沒有特效藥。

治癒 ➡ | | | | |

care [kɛr]	care（=cur細心照料）➡ 照顧

名 照顧，照料　**動** 照料，關心，在意

She is busy with the **care** of the children.
她忙於照顧這些孩子。
I don't **care** about my clothes.
我不在意我的衣服。

照顧 ➡ | c | a | r | e |

💡 這個也要知道！ 特別補充單字

curious 感到好奇的

- **curiosity**　**名** 好奇心，（令人好奇的）奇珍異品
  The child eyed me with **curiosity**. 這孩子好奇地看著我。
- **curio**　**名** 美術古董，珍品
- **curator**　**名** （博物館或美術館的）館長，管理者

Activity ① 先想想這個字根的含義，完成以下單字字母填空，然後根據單字的意思連結到對應的圖片。

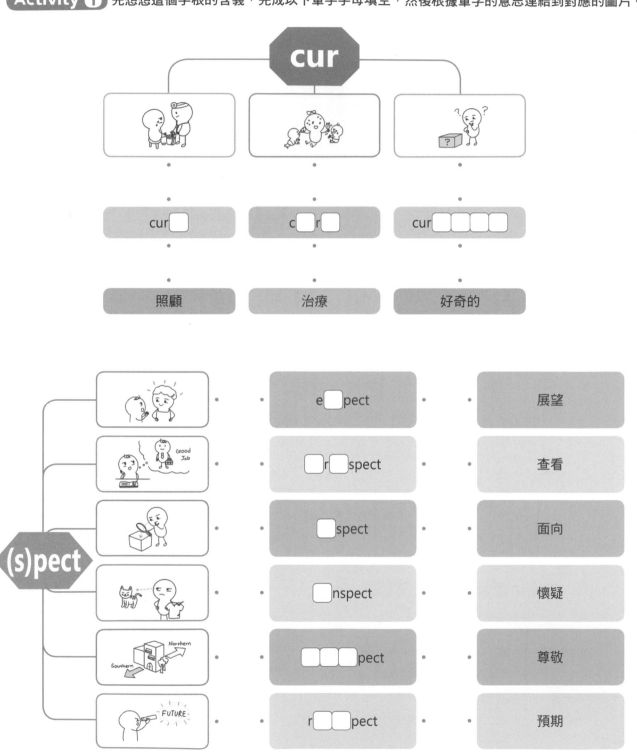

cur

cur▢　　c▢r▢　　cur▢▢▢▢

照顧　　治療　　好奇的

(s)pect

e▢pect　　展望

▢r▢spect　　查看

▢spect　　面向

▢nspect　　懷疑

▢▢▢pect　　尊敬

r▢▢pect　　預期

Activity ② 請根據以下 單字表，完成句子中的單字填空，以及右方的拼圖。

單字表 | inspect　expect　prospect　suspect　aspect　spectator　respect

1　I _____ my mother.

　　我尊敬我的母親。

2　I didn't _____ that question.

　　我沒預料到會是那問題。

3　The police _____ed the accident.

　　警方調查了這次意外事件。

4　Don't _____ me. I did nothing.

　　別懷疑我。我什麼都沒做。

5　Think about all _____s of the question.

　　針對問題的每個層面來思考。

6　The number of _____s was two thousand.

　　觀眾人數是兩千人。

7　There is no _____ for peace.

　　還看不到和平的曙光。

R	I	R	U	A	P	R	P	I	E	O	C
O	E	X	P	E	C	T	X	A	S	R	E
U	T	S	S	O	R	O	T	S	X	P	S
S	R	E	P	U	A	S	P	I	I	A	R
I	N	S	P	E	C	T	U	E	T	S	O
P	O	A	T	U	C	R	S	X	U	P	T
O	I	S	I	O	U	T	R	S	A	E	A
T	C	E	P	S	O	R	P	T	I	C	T
R	O	C	I	T	X	E	U	C	O	T	C
T	X	P	A	R	C	U	E	P	S	U	E
I	A	S	X	T	U	I	A	X	R	I	P
U	E	U	R	E	O	C	P	S	A	O	S

Activity ③ 按照正確的字母順序，完成以下句子空格中的單字拼寫。

1　**urec**　➡　There is still no _____ for a cold.

　　感冒仍然還沒有特效藥。

2　**crea**　➡　She is busy with the _____ of the children.

　　她忙於照顧這些孩子。

3　**icusrou**　➡　I was a _____ child.

　　我是個好奇的小孩。

cide, cis
切割（cut）

還記得 Unit 25 的 tail 是什麼意思嗎？tail 的原始意義是「切斷（cut）」，而 cide 也有「切斷」的意思。cide 還有 cis 這個變化形。希望您可以將 scissors（剪刀）這個字中的 cis 記住。

decide [dɪˋsaɪd]	de（=off 分離）+ cide（切割）→（從數個選項當中）切割出一個

動 決定；決意   名 decision 決定，決心

I can't **decide** what to do now.
我無法決定現在要做什麼。

He **decided** to be a doctor.
他決心要成為一位醫師。

決定 → ☐ ☐ c i d e

accident [ˋæksədənt]

ac (=ad移動) + **cide** (切割) + **nt** → 在行進中，將（安全因素）切離

名 意外，事故

The time of the **accident** was 6:10 A.M.
這場意外發生的時間是上午 6:10。

Four years ago, I had a car **accident**.
四年前，我出了一場車禍。

意外 ➡ ☐☐☐☐☐☐☐☐

suicide [ˋsuəˌsaɪd]

sui (=self自己) + **cide** (切割) → 把自己切了

名 自殺（行為）

I think it was a **suicide**.
我想這是一種自殺行為。

The **suicide** rate is quite low.
自殺率相當低。

自殺 ➡ ☐☐☐☐☐☐☐

scissors [ˋsɪzəz]

s + **cis** (切割) + **sors** → 切割的工具

名 剪刀

Let's cut it with **scissors**.
我們用剪刀把它剪開吧。

Let's decide by rock, paper, **scissors**.
我們用剪刀、石頭、布來決定吧。

剪刀 ➡ ☐☐☐| c | i | s |☐☐☐☐

precise [prɪˋsaɪs]

pre (前) + **cis** (切割) + **e** → 切除前面（不必要）的部分

名 精確的，細緻的　名 precision 精密，細緻

What is the **precise** meaning of the word?
這個字的確切意義為何？　　*meaning：意義

To be **precise**, he is 10 years old.
確切來說，他已經10歲了。

10.25 cm!

精確的 ➡ ☐☐☐☐☐☐☐

tend

拉伸

在韓國，當老師一進教室時，班長會喊「注意！（Attention!）」、「敬禮！（Bow!）」。中文裡的「注意」一詞有「（神經）拉緊」的意思，亦即，身體與心思的動作立即停止並應變新狀況，所以英文裡 attention（注意某一目標物）是從 tend（拉伸）的意思衍生而來。

tend [tɛnd]	**tend**（拉伸）➜（往任何方向）拉伸

動 傾向／趨向於～ 名 **tendency** 傾向，趨勢

Women **tend** to live longer than men.
女性通常活得比男性還久。

When he is tired, he **tends** to make mistakes.
當他疲累時，他很容易犯錯。

傾向於～ ➜

attend [əˋtɛnd]	**at**（=**ad**前往）+ **tend**（拉伸）➜ 移動並拉伸（某人的身體至定位） ➜ 移動並拉伸（某人的注意力）

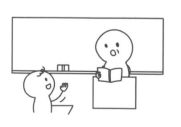

動 參加，傾聽，照料
名 **attendance** 到場，出席 名 **attention** 注意，專心

He always **attends** the class.
他總是會去上這堂課。

You should **attend** to my words.
你應該注意聽我說的話。

參加 ➜

pretend [prɪ`tɛnd]

pre（預先）**+ tend**（拉伸）➜ 預先拉伸（為了做掩飾）

動 假裝，裝作～樣子　名 pretention藉口，做作

Let's **pretend** we're adults.
我們來假裝自己是成年人。　　*adult：成年人
He **pretended** to be happy.
他裝作快樂的樣子。

假裝 ➜ ☐☐☐☐☐☐☐

intend [ɪn`tɛnd]

in（內）**+ tend**（拉伸）➜ 將（心裡所想）往內拉伸進來

動 意圖，打算要～　名 intention 意圖，意向

I didn't **intend** to hurt your friend.
我並非有意要傷害你的朋友。
What do you **intend** to do next?
你下一步打算怎麼辦？

意圖 ➜ ☐☐☐☐☐☐

contend [kən`tɛnd]

con（一起）**+ tend**（拉伸）➜（為達目的）一起使力拉伸

動 競爭，全力對付　名 contention 主張，爭論

They are **contending** for power.
他們正在角逐權位。
She **contended** that she was innocent.
她堅稱她是無辜的。　　*innocent：無辜的

競爭 ➜ ☐☐☐☐☐☐☐

這個也要知道！ 英文諺語

Never ＿＿＿＿＿＿ **with a man who has nothing to lose.**

別跟一無所有的人過不去。　　*nothing：沒事（沒有東西）

答案：contend

Fun Quiz

Activity 1 先想想這個字根的含義，完成以下單字字母填空，然後根據單字的意思連結到對應的圖片。

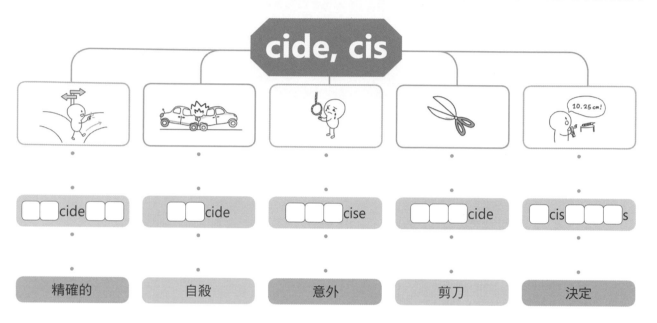

cide, cis

□□cide□□	□□cide	□□□cise	□□□cide	□cis□□□s

精確的	自殺	意外	剪刀	決定

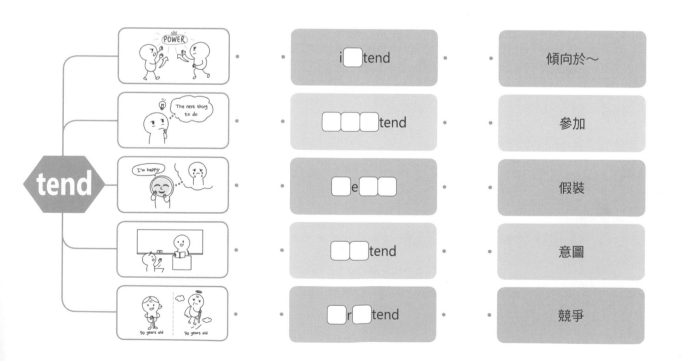

tend

i□tend	□□□tend	□e□□	□□tend	□r□tend

傾向於～	參加	假裝	意圖	競爭

Activity 2 請根據以下 [單字表]，完成句子中的單字填空，以及右方的拼圖。

[單字表]   precise   pretend   accident   decide   contend

[橫向]

❶ The time of the _____ was 6:10 A.M.

這場意外發生的時間是上午 6:10。

❷ To be _____, he is 10 years old.

確切來說，他已經10歲了。

❸ I can't _____ what to do now.

我無法決定現在要做什麼。

[縱向]

❹ They are _____ing for power.

他們正在角逐權位。

❺ Let's _____ we're adults.

我們來假裝自己是成年人。

Activity 3 依句意填入適當的單字，並完成以下句中□的字母填空，然後根據數字順序寫出正確的單字。

1 Let's cut it with □□□[1]□□□□□□. 我們用剪刀把它剪開吧。

2 I didn't □[2]□□□[5]□ to hurt your friend. 我並非有意要傷害你的朋友。

3 He always □□[3]□□□s the class. 他總是會去上這堂課。

4 Women □[4]□□ to live longer than men. 女性通常活得比男性還久。

5 I think it was a □□□□□□[6]□. 我想這是一種自殺行為。

➜ □[1]□[2]□[3]□[4]□[5]□[6] = □

cap 頭（head），抓取（hold）/
fus(e) 融化（melt），混合，傾倒（pour）

cap

1. 頭（head） 2. 抓取（hold）

南韓職業足球隊員的朴智星，於加盟曼聯後，在英格蘭足球超級聯賽中曾被譽為「永遠的隊長（captain）」。我們可以説，這是個領導者的尊稱。隊長就是指一個團隊的「頭（cap）」，且抓住（hold）了很大的權力。

captain [ˈkæptɪn]	**cap**（頭）**+ tain** ➡ 走在前頭
	图 隊長，領隊，船長，首領 He is the **captain** of the soccer team. 他是這個足球隊的隊長。 The **captain** went on board his ship. 船長登上了他的船。　　*on board：上船 隊長 ➡ ｃ ａ ｐ ☐ ☐ ☐

capital [ˈkæpətl̩]

cap（頭）+ ital → （全國的）頭
→ （文字的）頭

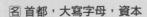

图 首都，大寫字母，資本

Seoul is the **capital** of Korea.
首爾是韓國的首都。

Please write your name in **capital** letters.
請以大寫字母寫下你的名字。

首都 →

capable [ˈkepəbl̩]

cap（抓取）+ able（能夠的）→ 可以抓得到的

形 能夠（做）～的，有能力的

I'm **capable** of doing the work myself.
我有能力自己做這個工作。

She's a very **capable** teacher.
她是一位很有能力的老師。

有能力的 →

capture [ˈkæptʃɚ]

cap（抓取）+ ture → 抓得到（人事物）

動 奪得，捕獲

The company has **captured** 50% of the market.
該公司已獲得50% 的市占率。

The tiger was **captured** in a net.
這隻老虎被捕獲到網子裡了。

奪得 →

escape [əˈskep]

es（=ex出去）+ cap（抓取）+ e → 抓取（某物）到外面（為了逃跑）

動 逃跑，避開　名 逃避，逃脫

He **escaped** from a burning car.
他從一輛火燒車中逃了出來。

She had a narrow **escape**.
她剛剛好躲過了。　　*narrow：狹窄的，勉強的

逃跑 →

fus(e)

融化（**melt**），混合，
傾倒（**pour**）

> 「融合（fusion）美食」是指將兩種菜餚混合在一起，形成一種餐點，而「融合音樂」是指融合兩種不同類型歌曲，然後創造出新的曲類。因此，fus(e) 是指將兩種不同物體在同一個地方進行融化（melt）、混合及傾倒。

---

fuse [fjuz]	**fuse**（融化）➡ 融化

動 融化　**名**（電路）保險絲

The fire **fused** the plastics.
這把火將塑膠融化了。

I think a **fuse** has blown.
我想是有一條保險絲燒掉了。　　*blow：（保險絲）燒斷

融化 ➡ | f | u | s | e |

---

confuse [kənˋfjuz]	**con**（一起）+ **fuse**（混合）➡ 混在一起 ➡ 感到困惑

動 使困惑，使混淆　**名** confusion 困惑，混淆

My friends often **confuse** my twin sister for me.
我朋友經常將我的雙胞胎妹妹誤以為是我。

Don't **confuse** the issue.
別混淆了這個議題。　　*issue：問題，議題

使困惑 ➡

refuse [rɪˋfjuz]	**re** (退回) + **fuse** (傾倒) → （將接收到的）傾倒回去

動 拒絕　名 refusal 拒絕，不給

He **refused** my invitation.
他拒絕了我的邀請。
She **refused** to discuss the matter.
她拒絕討論這件事情。

拒絕 → ☐☐☐☐☐☐

fusion [ˋfjuʒən]	**fus** (混合) + **ion** → 混和，混合物

名 融合，混合

I like French-Korean **fusion** dishes.
我喜歡法韓融和美食。　　　*dish：菜餚
Your **fusion** of jazz and hip hop in this song is very good.
你在這首歌中融合嘻哈音樂與爵士樂，這是很棒的。

融合 → f u s ☐ ☐ ☐

這個也要知道！ 特別補充單字

capital 資本

在中世紀時代，人們以自己所擁有的牲畜數量來評估自己財富的多寡。所以當時「資本（capital）」一詞就是源自於以「數頭」的方式來計算牲畜數量。

• She doesn't have enough **capital** to buy a house.
她沒有足夠的本錢來買房子。

Activity 1 先想想這個字根的含義，完成以下單字字母填空，然後根據單字的意思連結到對應的圖片。

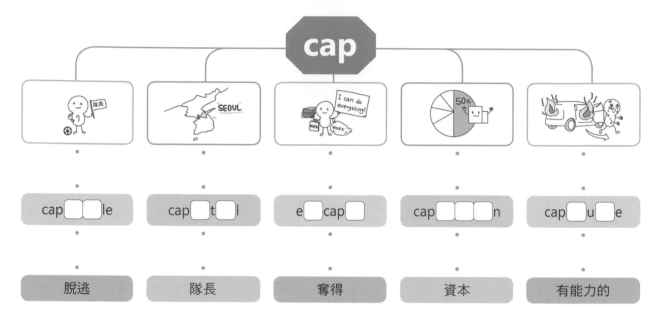

cap⬜⬜le

cap⬜t⬜l

e⬜cap⬜

cap⬜⬜⬜n

cap⬜u⬜e

脫逃

隊長

奪得

資本

有能力的

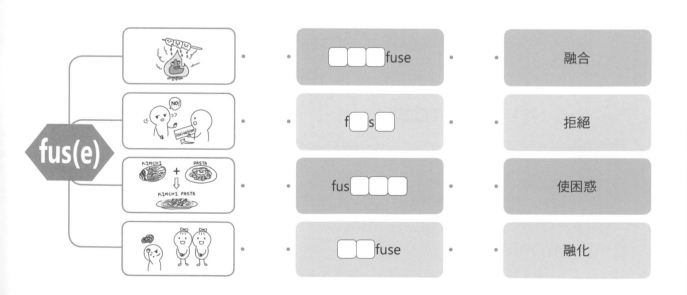

⬜⬜⬜fuse

f⬜s⬜

fus⬜⬜⬜

⬜⬜fuse

融合

拒絕

使困惑

融化

190

Activity 2 請根據以下 單字表，完成句子中的單字填空，以及右方的拼圖。

單字表 escape capable captain capital capture

1 The company has _____ d 50% of the market.
該公司已獲得 50% 的市占率。

2 He _____ d from a burning car.
他從一輛火燒車中逃了出來。

3 Seoul is the _____ of Korea.
首爾是韓國的首都。

4 He is the _____ of the soccer team.
他是這個足球隊的隊長。

5 She's a very _____ teacher.
她是一位很有能力的老師。

U	C	B	A	P	R	T	C	A	C
E	R	U	T	P	A	C	U	P	A
T	R	T	U	C	S	P	L	C	P
U	E	S	C	A	P	E	R	T	T
S	L	S	E	A	B	S	A	U	A
C	B	P	C	S	P	U	L	C	I
T	A	B	S	E	R	I	S	B	N
R	P	P	A	C	U	L	T	T	B
A	A	U	E	L	T	B	R	A	P
L	C	B	A	C	P	I	T	C	L

Activity 3 按照正確的字母順序，完成以下句子空格中的單字拼寫。

1 **fconeus** → My friends often _____ my twin sister for me.
我朋友經常將我的雙胞胎妹妹誤以為是我。

2 **ufse** → The fire _____ d the plastics.
這把火將塑膠融化了。

3 **rfuees** → She _____ d to discuss the matter.
她拒絕討論這件事情。

4 **ifnuso** → I like French-Korean _____ dishes.
我喜歡法韓融和美食。

vis, view 看（look, see）

vis, view

看（look, see）

有一些文書軟體，像是 PDF, Powerpoint, Excel 等，都需要不同的閱讀器（viewer）才能打開來看。Viewer 這種軟體不能用來執行功能，只能用來觀看內容。因此，請記住字根 vis, view 有「看」的意思，有時會以 vide 的變形體出現。

advise [əd`vaɪz]

ad（前去）+ vis（看）+ e → 過去看一下（好的範例）

STUDY HARD!

動 勸告，建議　名 advice 忠告，建議

I didn't know how to **advise** my friend.
我不知道該怎麼勸我的朋友。

Police **advised** people to stay at home.
警方告誡人們要待在家裡。

勸告 → ☐ ☐ v i s

visit [`vɪzɪt]

vis（看）+ it（=go去）→ 去看下（人事物）

動 拜訪，參觀

I will **visit** my grandmother this summer.
我今年夏天會去拜訪我的祖母。

For more information, **visit** our website.
欲了解更多資訊，請上我們的網站看看。

拜訪 →

vision [`vɪʒən]

vis（看）+ ion → 用眼睛看

2 4
A 1 3 5
Ω 6 7

4

名 視力，眼光，憧憬

Eagles have good **vision**.
老鷹具有很好的視力。

He possesses leadership **vision**.
他具備領導者的眼光。　　*possess：擁有

視力 →

visible [`vɪzəbl]

vis（看）+ ible（=able能夠的）→ 可以看得到的

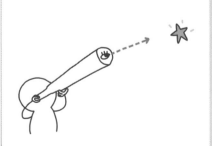

形 可看見的，引人注目的　反 invisible 無法看見的

The house is **visible** from the beach.
從海邊可以看見這棟房子。

Most stars are **invisible** to the naked eye.
大部分的星星無法以肉眼看見。　　*naked：（身體）裸露的，原本的

可看見的 →

revise [rɪ`vaɪz]

re（重新）**+ vis**（看）**+ e** ➜ 再看一次（完成的作品）

動 修正，校訂　名 revision 修訂，訂正（版）

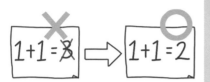

You have to **revise** it.
你必須修改它。
You need to **revise** your exercise plan.
你必須修正你的運動計畫。

修正 ➜ ☐☐☐☐☐☐

supervise [`supɚˌvaɪz]

super（在上面）**+ vis**（看）**+ e** ➜ 從上面（往下）看

動 監督，督導，指導　名 supervision 修訂，訂正（版）

I don't want to **supervise** him.
我不想去指導他。
He **supervised** the children swimming in the pool.
他在這個泳池督導兒童泳課。

監督 ➜ ☐☐☐☐☐☐☐☐☐

provide [prə`vaɪd]

pro（往前）**+ vide**（看）➜ 往前看（以提供必需品）
➜ 往前看（為了做準備）

動 提供（對方需要的東西），供給，準備　名 provision 供應，預備

Thank you.

水果

Please write answers in the space **provided**.
請於提供的空白部分，寫下答案。
We have to **provide** against a rainy day.
我們必須為未雨綢繆。
*against：針對，因應～　　*a rainy day：艱困時期

提供 ➜ ☐☐☐ v i d e

194

review [rɪ`vju]

re（重新，再次）**＋ view**（看）➜ 重新再看一次

at SCHOOL ➜ at HOME

動 檢視，檢討　名 複審，複習，重新探討

It is useful to **review** past mistakes.
檢討過去的錯誤是有幫助的。　*past：過去的
The contract is under **review**.
這份合約正在進行複審。

檢視 ➜ | | | v | i | e | w |

viewpoint [`vju͵pɔɪnt]

view（看）**＋ point**（點）➜ 觀看的要點

HAT　TURTLE

名 觀點，見解

I'm trying to understand his **viewpoint**.
我正試著要去了解他的觀點。
She has a different **viewpoint** on the matter.
她對於這件事有不同的看法。

觀點 ➜ | | | | | | | | | |

這個也要知道！ 英文諺語

_____ for the worst, the best will save itself.

作最壞的準備，可以得到最好的結果。　*worst：最糟糕的

答案：Provide

195

Activity ① 先想想這個字根的含義，完成以下單字字母填空，然後根據單字的意思連結到對應的圖片。

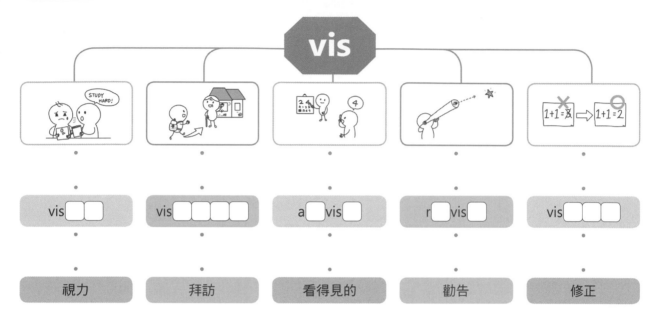

vis◻◻

vis◻◻◻◻

a◻vis◻

r◻vis◻

vis◻◻◻

視力

拜訪

看得見的

勸告

修正

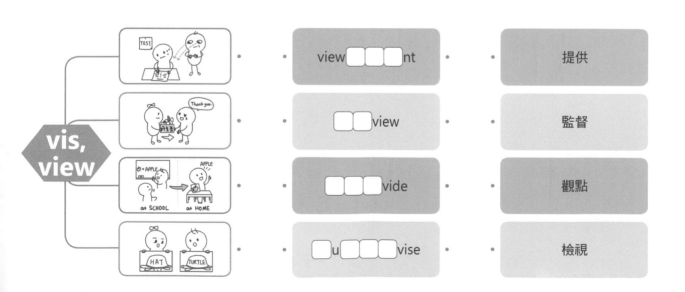

vis, view

view◻◻◻nt

◻◻view

◻◻◻vide

◻u◻◻◻vise

提供

監督

觀點

檢視

Activity ② 請根據以下 單字表，完成句子中的單字填空，以及右方的拼圖。

單字表　visible　supervise　visit　revise　vision

[橫向]

❶ Eagles have good _____.
老鷹具有很好的視力。

❷ I don't want to _____ him.
我不想去指導他。

❸ You have to _____ it.
你必須修改它。

[縱向]

❹ The house is _____ from the beach.
從海邊可以看見這棟房子。

❺ I will _____ my grandmother this summer.
我今年夏天會去拜訪我的祖母。

Activity ③ 依句意填入適當的單字，並完成以下句中□的字母填空，然後根據數字順序寫出正確的單字。

1 It is useful to □□[1]□□[4]□□ past mistakes. 檢討過去的錯誤是有幫助的。

2 Please write answers in the space □□□□□□[2]d. 請於提供的空白部分，寫下答案。

3 I didn't know how to □□□[3]□□[5]□ my friend. 我不知道該怎麼勸我的朋友。

4 I'm trying to understand his □□□□□[6]□□□□□. 我正試著要去了解他的觀點。

→ [1][2][3][4][5][6] = _____

fac-, -fec 製造（make），做出（do）

fac-, -fec

1. 製造（make）
2. 做出（do）

《查理與巧克力工廠（Charlie and the Chocolate Factory）》是一部著名的英國小說，它是關於查理巡視一間巧克力工廠的故事，同時也拍成了電影。factory（工廠）是一個許多工人一起製造某個產品的地方，它來自 fac 這個字根，意思是「製造，做出」。fac 的變化形包括 fec 與 fic。

factory [`fæktərɪ]

fac（製造）+ **tory** ➡ 製造東西的地方

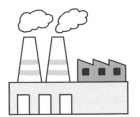

名 工廠，製造廠，廠房

I work at a car **factory**.
我在一間汽車工廠上班。

A paper **factory** in China makes paper without using trees.
中國一家紙工廠不用樹木就可以造紙。

工廠 ➡ | f | a | c | | | | |

fact [fækt]

fac（製造）+ **t** ➡（確實有在）製造東西

名 事實，實情

Is that a **fact**?
那是事實嗎？

It is no use denying the **fact**.
否定事實沒有任何用處。　　*deny：否定，拒給

事實 ➡ | | | | |

factor [`fæktɚ]

fac（製造）+ **tor** ➡ 做出（造成）某物的東西

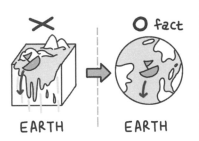

名 因素，要素

What is the main **factor** for the failure?
失敗的主要因素為何？　　*failure：失敗

Health is a **factor** of happiness.
健康是快樂的一項要素。

要素 ➡ | | | | | | |

fiction [`fɪkʃən]

fic（=**fac**製造）+ **tion** ➡ 製造出來的（故事）

名（總稱）小說，虛構的故事
反 **nonfiction** 非小說類散文或文學（人文、史地等）

I like science **fiction**. 我喜歡科幻小說。

Is that book **fiction** or **nonfiction**?
那本書是小說類還是非小說類？

小說 ➡ | f | i | c | | | | |

effect [ɪˋfɛkt]

ef（=**ex**出去）+ **fec**（製造）+ **t** → （東西被）做出來

名 效果，作用，影響　形 effective 有效的

This drug has no **effect**.
這種藥沒有效果。　　*drug：藥

Her advice had no **effect** on me.
她的建議沒有對我產生影響。

效果 → 　□ □ f e c □

infect [ɪnˋfɛkt]

in（裡面）+ **fec**（製造）+ **t** → （接觸時）往裡面製造（細菌）

動 傳染，使受感染　名 infection 傳染，感染

Cold viruses usually **infect** many people.
感冒的病毒通常會讓許多人受到感染。　　*usually：通常

I don't want to **infect** my friends.
我不想傳染給我的朋友。

傳染 →

defect [dɪˋfɛkt]

de（否定）+ **fec**（製造）+ **t** → 不製造（正確的事物）

名 缺陷，缺點，瑕疵

She has a speech **defect**.
她有說話上的缺陷。　　*speech defect：語言障礙

There is a **defect** in your plan.
你的計畫裡有個缺點。

缺陷 →

affect [əˋfɛkt]	**af** (=**ad**前往) + **fec** (製造) + **t** → （向著目標物）前去製造

動 影響，對～產生作用　**名** **affection** 影響，作用，鍾愛

My opinion didn't **affect** his decision.
我的意見並沒有影響他的決定。
This game will **affect** the playoff fate of my team.
這場比賽將影響我方隊伍決賽的命運。
*playoff：（例行賽結束後的）決賽

影響 → ☐ ☐ ☐ ☐ ☐ ☐

這個也要知道！ 特別補充單字

工廠

- **factory**　　通常指製造產品的工廠，例如成衣廠、製鞋廠。
- **plant**　　通常指製造電力等能源的工廠，例如發電廠、自來水廠。
- **mill**　　通常指製造特殊原物料的工廠。ex）a papper **mill**：紙廠
- **workshop**　　通常指製造或修理物品的工廠。ex）a car repair **workshop**：汽車維修廠

故事

- **story**　　故事
- **fiction**　　一種捏造／非真實的故事
- **nonfiction**　　fiction（小說，虛構）的相反：非小說類
- **fable**　　虛構故事，（以動物或植物為角色的）寓言故事。ex）Aesop's **Fables**：伊索寓言
- **report**　　（新聞、媒體等的）報導，必要資訊（或報告）的紀錄

Activity 1 先想想這個字根的含義，完成以下單字字母填空，然後根據單字的意思連結到對應的圖片。

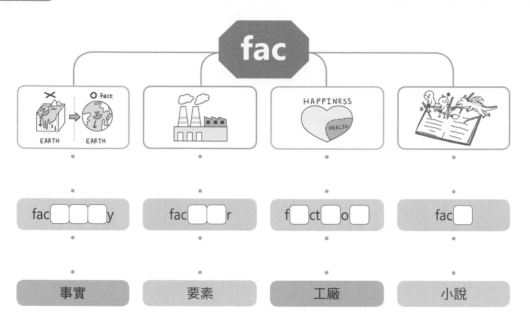

fac☐☐☐y

fac☐☐r

f☐ct☐o☐

fac☐

事實

要素

工廠

小說

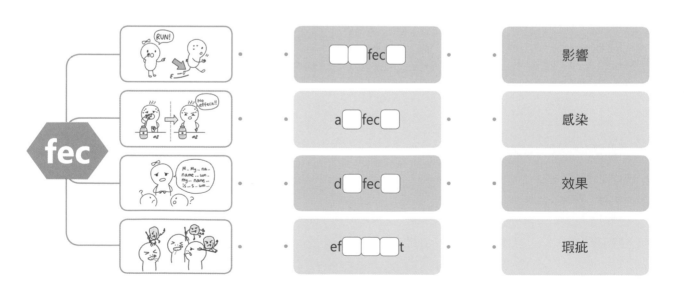

☐☐fec☐

a☐fec☐

d☐fec☐

ef☐☐☐t

影響

感染

效果

瑕疵

Activity 2 請根據以下 單字表 ，完成句子中的單字填空，以及右方的拼圖。

單字表　　　factor　　effect　　fiction　　factory

1　I like science _____.

　　我喜歡科幻小說。

2　I work at a car _____.

　　我在一間汽車工廠上班。

3　Health is a _____ of happiness.

　　健康是快樂的一項要素。

4　This drug has no _____.

　　這種藥沒有效果。

Y	A	F	A	C	T	O	R	E
C	F	R	F	T	O	R	N	F
O	N	I	A	Y	F	C	F	F
F	T	N	C	A	N	N	R	E
A	A	O	R	T	Y	C	A	C
N	T	C	F	A	I	Y	T	T
C	O	R	Y	R	T	O	O	F
Y	R	O	T	C	A	F	N	T
T	F	N	R	A	C	Y	F	O

Activity 3 按照正確的字母順序，完成以下句子空格中的單字拼寫。

1　**ifenct** ➜ I don't want to _____ my friends.

　　　　　　　我不想傳染給我的朋友。

2　**faftce** ➜ My opinion didn't _____ his decision.

　　　　　　　我的意見並沒有影響他的決定。

3　**caft** ➜ It is no use denying the _____.

　　　　　　　否定事實沒有任何用處。

4　**efdect** ➜ She has a speech _____.

　　　　　　　她有說話上的缺陷。

Fun Quiz

Answers

Unit 01 up- / fore

Activity 1

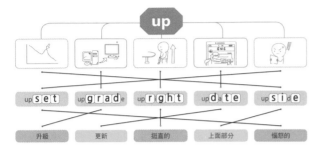

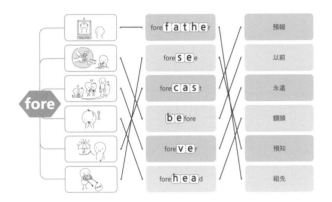

Activity 2

① foresee
② upset
③ before
④ forever
⑤ update
⑥ forecast

Activity 3

1 He wiped his **f o r e h e a d** with his hand. 他用手擦了一下他的額頭。
2 The Great King Sejong is my **f o r e f a t h e r**. 世宗大王是我的祖先。
3 I will **u p g r a d e** my computer tomorrow. 我明天將升級我的電腦。
4 There's an **u p s i d e** to the story. 這則故事有正向的一面。
5 Sit **u p r i g h t**, please. 請坐直。

→ **u p r i g h t** = [upright]

Unit 02 pre-, pro-

Activity 1

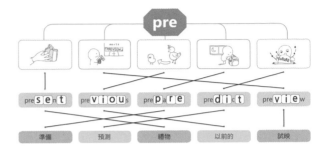

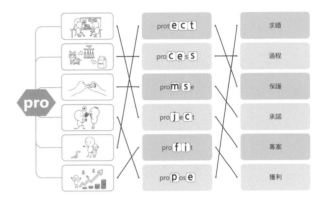

Activity 2

1 previous   2 present   3 prepare

4 process   5 propose   6 promise

E	R	A	P	A	C	P	T	S	O
S	C	S	S	E	D	N	P	R	P
I	P	O	P	S	E	A	E	A	S
M	R	M	R	S	C	T	S	O	R
O	P	R	E	P	A	R	E	A	C
R	O	R	V	S	A	P	V	T	S
P	P	O	I	D	M	I	S	E	V
R	P	R	O	C	E	S	S	C	S
T	R	P	U	C	S	R	U	O	V
U	C	E	S	O	P	O	R	P	U

Activity 3

1 preview   2 profit   3 predict

4 project   5 protect

Unit 03 ex-

Activity 1

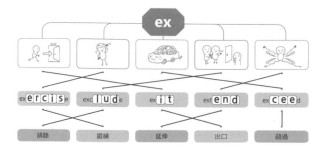

exercise	exclude	exit	extend	exceed

| 排除 | 鍛練 | 延伸 | 出口 | 超過 |

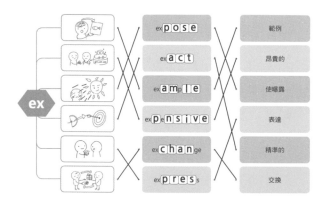

ex

expose	範例
exact	昂貴的
example	使曝露
expensive	表達
exchange	精準的
express	交換

Activity 2

① exchange
② exact
③ exit
④ expose
⑤ expensive
⑥ example

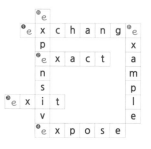

Activity 3

1 Running is good **exercise**. 跑步是一項很好的運動。

2 **Express**ing our love to our family is important. 向家人表達我們的愛很重要。

3 You must not **exceed** the speed limit. 你絕對不可以超速。

4 They **exclude**d me from the group. 他們把我排除在這組之外。

5 I **extend**ed my cell phone contract. 我延長了手機的合約。

→ **extend** = extend

Unit 04 un-

Activity 1

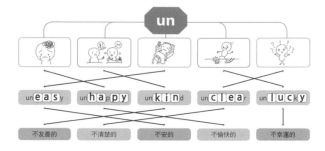

uneasy	unhappy	unkind	unclear	unlucky

| 不友善的 | 不清楚的 | 不安的 | 不愉快的 | 不幸運的 |

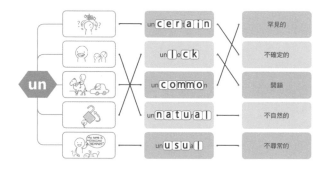

un

uncertain	罕見的
unlock	不確定的
uncommon	開鎖
unnatural	不自然的
unusual	不尋常的

Activity 2

1 unhappy   2 unkind   3 uneasy

4 unclear   5 unlucky

E	A	S	Y	C	H	A	U	P	Y
U	R	L	C	N	U	U	D	I	R
N	U	N	E	A	N	Y	H	C	A
L	P	P	Y	H	E	N	U	R	D
U	N	E	A	S	A	Y	P	C	N
C	K	P	Y	N	S	D	E	H	I
K	P	N	I	D	Y	U	E	A	K
Y	R	I	N	R	E	A	U	N	N
R	A	E	L	C	N	U	R	U	U
U	N	C	H	P	P	Y	U	R	I

Activity 3

1 uncertain   2 unnatural   3 unusual

4 uncommon   5 unlock

Unit 05 in-

Activity 1

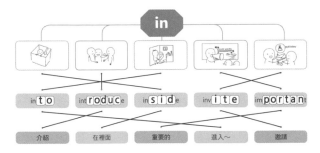

| in**to** | int**roduce** | in**side** | inv**ite** | im**portant** |

| 介紹 | 在裡面 | 重要的 | 進入～ | 邀請 |

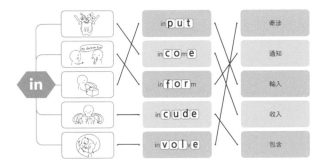

in	in**put**	牽涉
	in**come**	通知
	in**for**m	輸入
	in**cude**	收入
	in**vole**	包含

Activity 2

① important
② inside
③ income
④ input
⑤ introduce

Crossword:
- ⑤ i n t r o d u c e (vertical)
- ④ i n p u t (vertical)
- ① i m p o r t a n t
- ② i n s i d e
- ③ i n c o m e

Activity 3

1 She walked **into** the room. 她走進這個房間。

2 I'd like to **invite** you to my birthday party. 我想邀請你參加我的生日聚會。

3 She **inform**ed me of her test score. 她通知我她的考試成績。

4 Don't **involve** him in that matter. 不要將他牽扯進那件事。

5 Does the price **include** tax? 這價格有含稅嗎？

→ **involve** = involve

Unit 06 in- / anti-

Activity 1

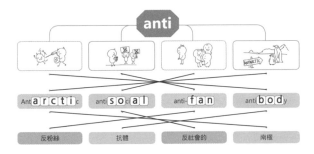

| Ant**arctic** | anti**social** | anti-**fan** | anti**body** |

| 反粉絲 | 抗體 | 反社會的 | 南極 |

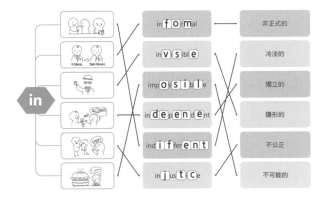

in	in**for**mal	非正式的
	in**v**si**ble**	冷淡的
	imp**ossible**	獨立的
	in**dependent**	隱形的
	ind**ifferent**	不公正
	in**justice**	不可能的

Activity 2

| 1 indifferent | 2 informal | 3 invisible |
| 4 independent | 5 injustice | 6 impossible |

Word search grid:

N	I	M	P	O	S	S	I	B	L	E	L
S	D	C	I	S	M	L	N	S	M	E	T
E	D	N	E	F	R	T	D	N	U	R	O
B	I	C	R	V	O	S	I	E	I	C	E
E	N	F	M	A	L	M	F	F	N	O	R
F	D	P	E	S	O	R	F	J	E	M	L
M	E	U	J	B	V	O	E	I	L	S	I
L	P	R	S	L	R	C	R	E	B	P	M
P	E	O	B	M	L	O	E	T	I	L	B
I	N	S	A	L	M	R	N	F	S	A	S
D	D	L	I	M	F	S	T	B	I	E	N
M	E	J	B	O	I	M	S	I	V	N	T
S	N	U	S	T	I	C	E	V	N	S	B
B	T	O	R	E	T	S	I	D	I	F	D
E	S	R	I	N	J	U	S	T	I	C	E

Activity 3

| 1 antisocial | 2 antibody | 3 anti-fan | 4 Antarctic |

Unit 07 re-

Activity 1

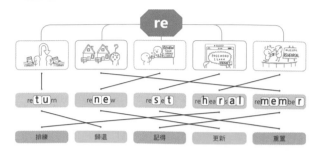

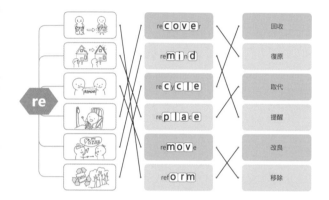

Activity 2

① rehearsal
② reset
③ remove
④ reform
⑤ remember
⑥ renew

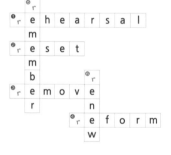

Activity 3

1 I waited a long time for her to **r e t u r n**. 我等她回來等了好久。

2 He **r e c o v e r** ed the data. 他重新尋獲這份資料。

3 You **r e m i n d** me of my sister. 你讓我想起我的妹妹。

4 I will **r e p l a c e** the roof. 我會把屋頂更換掉。

5 We should **r e c y c l e** waste paper. 我們應該回收廢紙。

→ **r e c y c l e** = [recycle]

Unit 08 ad- / under

Activity 1

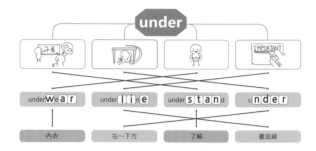

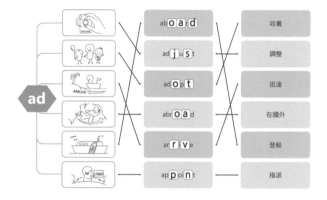

Activity 2

1 adjust   2 adopt   3 arrive

4 almost   5 abroad   6 aboard

7 appoint

A	P	O	I	N	T	D	E	R	I	V
R	T	L	M	S	T	O	S	M	A	L
B	O	P	N	J	D	P	R	A	L	D
N	E	V	O	R	D	D	B	L	M	A
E	V	D	R	D	R	O	D	I	O	L
T	I	A	O	R	A	D	J	U	S	T
N	R	M	D	R	B	E	V	V	T	I
D	R	J	D	J	A	U	S	T	O	P
B	A	T	D	A	O	R	B	A	J	V
A	P	P	O	I	N	T	L	S	I	R
J	R	T	S	U	I	R	O	J	S	E

Activity 3

1 underwear   2 under

3 underline   4 understand

Unit 09 over / post-

Activity 1

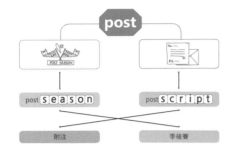

post s e a s o n   post s c r i p t

附注   季後賽

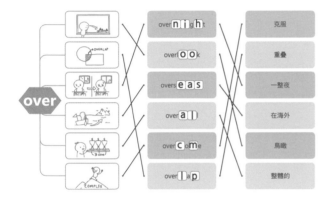

over | over n i g h t — 克服
over | over o o k — 重疊
over | overs e a s — 一整夜
over | over a l l — 在海外
over | over c o m e — 鳥瞰
over | over l a p — 整體的

Activity 2

① overnight
② over
③ postscript
④ overlook
⑤ overseas

o	v	e	r	n	i	g	h	t
v								
e			o	v	e	r		
r			v					
l			e					
o	P	o	s	t	s	c	r	i	p	t
k			e					
			a					
			s					

Activity 3

1 Your free time doesn't o v e r l a p with mine. 你的空閒時間和我的並不相同。
2 Her o v e r a l l record is 3 wins. 她的整體紀錄是 3 勝。
3 I tried to o v e r c o m e my complex. 我試著克服我的情結。
4 The p o s t s e a s o n starts tomorrow. 季後賽明天就開始了。

→ o v e r l a p = **overlap**

Unit 10 out- / sub-

Activity 1

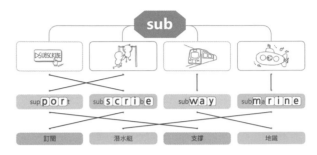

sup p o r t   sub s c r i b e   sub w a y   sub m a r i n e

訂閱   潛水艇   支撐   地鐵

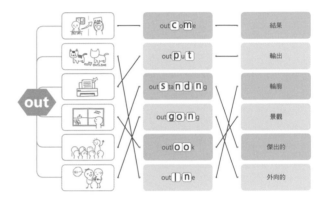

out c o m e — 結果
out p u t — 輸出
out s t a n d i n g — 輪廓
out g o i n g — 景觀
outl o o k — 傑出的
out l i n e — 外向的

Activity 2

1 outcome   2 outline   3 output
4 outlook   5 outstanding   6 outgoing

O	U	T	C	A	M	E	O	U	L	O	K
U	P	O	U	T	P	U	T	E	D	K	O
P	G	N	I	D	N	A	T	S	T	U	O
T	O	D	E	G	U	G	I	N	G	K	L
U	T	O	G	N	I	E	D	A	T	S	T
O	E	S	A	I	M	T	O	I	N	G	U
E	S	D	U	O	U	S	E	M	O	C	O
C	G	A	C	G	S	M	L	O	O	U	K
M	N	T	I	T	A	S	O	U	T	K	L
E	U	P	T	U	A	N	D	L	N	G	E
O	S	T	U	O	G	I	I	A	S	K	N
U	M	O	A	C	E	G	K	L	Q	R	T

Activity 3

1 subway   2 support
3 submarine   4 subscribe

209

Unit 11 dis-

Unit 12 en-

Activity 1

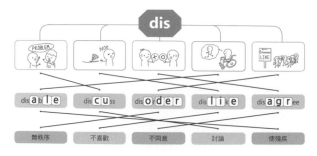

dis **a b l e**　dis **c u** ss　dis **o d e r**　dis **l i e**　dis **a g r** ee

| 無秩序 | 不喜歡 | 不同意 | 討論 | 使殘疾 |

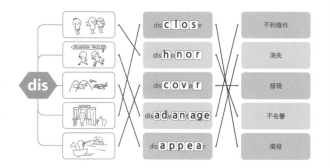

dis **c l o s** e → 不利條件

dis **h o n o r** → 消失

dis **c o v r** → 發現

dis **ad v an ag e** → 不名譽

dis **a p p e a** r → 揭發

Activity 1

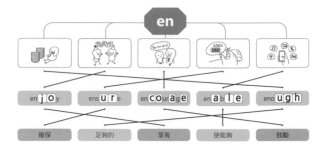

en **j o y**　en **s u r** e　en **co u r** age　en **a b l e**　eno **u g h**

| 確保 | 足夠的 | 享有 | 使能夠 | 鼓勵 |

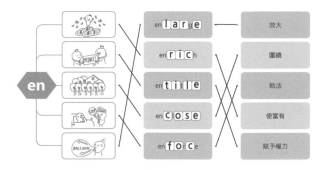

en **l a r g e** → 放大

en **r i c** h → 圍繞

en **t i l** e → 執法

en **c o s e** → 使富有

en **f o c** e → 賦予權力

Activity 2

① disappear

② dislike

③ discuss

④ disclose

⑤ disable

```
          d
          i
     d    s
   d i s a p p e a r
     c    b
   d i s l i k e
     o    e
   d i s c u s s
     e
```

Activity 2

1 enough　　2 encourage　　3 enable

4 Ensure　　5 enjoy

O	E	G	A	R	U	O	C	N	E	J
E	A	B	N	L	G	C	O	C	N	E
N	J	E	N	J	O	Y	R	E	N	G
B	N	G	L	R	B	R	J	A	O	O
E	C	Y	R	E	N	C	B	C	E	A
A	E	O	J	N	G	L	B	R	G	L
L	R	A	B	O	E	Y	G	E	J	N
G	U	C	R	U	L	G	A	Y	B	Y
N	S	E	L	G	G	N	Y	O	R	L
E	N	O	A	H	B	E	B	G	R	C
B	E	J	R	C	N	L	N	Y	E	A

Activity 3

1 She has a sleep **d i s o r d e r**. 她有睡眠障礙。

2 She is a **d i s h o n o r** to her family. 她讓她的家人蒙羞。

3 What is the **d i s a d v a n t a g e** of living in Seoul? 住在首爾的缺點是什麼？

4 He **d i s a g r e e** d with me on every topic. 他在每一個議題上都和我意見不合。

5 Did you **d i s c o v e r** a way to solve it? 你有找到解決這件事的方法嗎？

→ **d i s c o v e r** =  discover

Activity 3

1 entitle　　2 enlarge　　3 enforce

4 enclose　　5 enrich

p.100~101

Unit 13 se- / per-

Activity 1

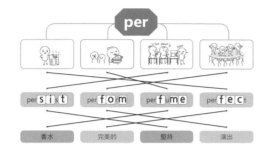

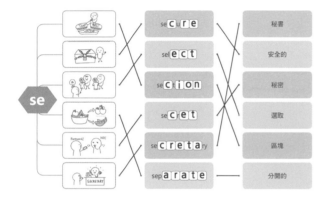

Activity 2

① secretary
② perfume
③ separate
④ select
⑤ persist

```
                              P
        S       S             e
   s  e  c  r  e  t  a  r  y
        p       l             s
        a       e             i
        r       c             s
        a       t             t
        t
   P  e  r  f  u  m  e
```

Activity 3

1 He cut the pie into three **s e c t i o n**s. 他將這個派切成三塊。

2 The future of your job looks **s e c u r e**. 你這份工作的前景看來很穩固。

3 You have to keep this **s e c r e t**. 你必須保守這個秘密。

4 The weather is **p e r f e c t** for playing outside. 天氣狀況非常適合戶外玩耍。

5 Smartphones can **p e r f o r m** many tasks at once. 智慧手機可以一次同時執行許多任務。

→ **s e c r e t** = secret

p.106~107

Unit 14 com-, con- / tele-

Activity 1

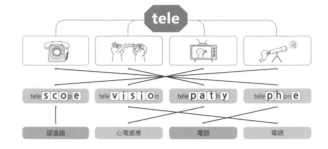

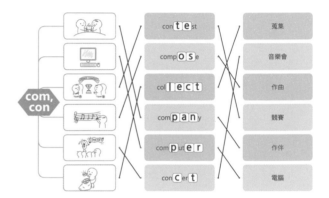

Activity 2

1 collect
2 concert
3 company
4 computer
5 compose
6 contest

```
C P N A S R M C O E R O
E O R T S E T N O C C S
O T C O N L L N P Y M A
S N L P Y C E C O N R M
R C T M R O R Y C S E N
C O L L E C T O Y T T A
P M O L S N M A R S U L
Y P R C E P Y E L C P E
N O M S A Y C A M O M L
A S P N R N S Y L T O O
M E Y R O L O P C R C O
C T E C O M C L L P S L
```

Activity 3

1 television
2 telescope
3 telepathy
4 telephone

Unit 15 · uni- / trans-

Activity 1

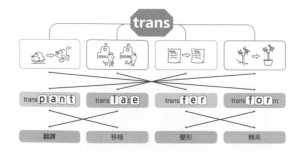

trans **p** a n t   trans **l** a **e**   trans **f** e **r**   trans **f** o **r** m

翻譯   移植   變形   轉乘

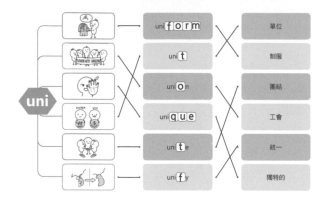

uni **f** o **r** m — 單位
uni **t** — 制服
uni **o** n — 團結
uni **que** — 工會
uni **t** e — 統一
uni **f** y — 獨特的

Activity 2

① transform
② unique
③ Transfer
④ union
⑤ translate

```
                                    ②t
    ①②t r a n s f o r m              a
       r                             n
       a                             s
    ③u n i q ④u e                    l
       s            n                a
       f            i                t
       e            o                e
       r            n
```

Activity 3

1　He is wearing a **u n i f o r m**. 他正穿上一件制服。

2　The basic **u n i t** of society is the family. 社會的基本單位是家庭。

3　The two groups **u n i t e** d to defeat their common enemy.
這兩個團體聯合起來打敗了他們的共同敵人。

4　The new president hopes to **u n i f y** the country. 新總統希望統一這個國家。

5　I have to **t r a n s p l a n t** the tree. 我必須將這棵樹移種至他處。

→ **u n i t e** = [unite]

Unit 16 · bi-, twi- / tri-

Activity 1

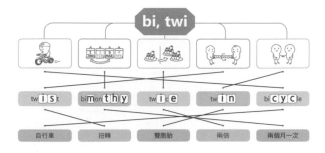

tw **i s** t   bi **mon** t **hy**   tw **i** c **e**   tw **i** n   bi **cy c** e

自行車   扭轉   雙胞胎   兩倍   兩個月一次

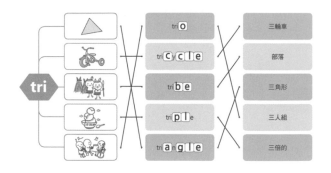

tri **o** — 三輪車
tri **c** c **l e** — 部落
tri **b e** — 三角形
tri **p l** e — 三人組
tri **a g l e** — 三倍的

Activity 2

1 twist   2 bimonthly   3 twin
4 bicycle   5 twice

```
I W Y C L N E W Y S
T Y I B N I I L W T
W C L O M W H T L Y
I W H E C T N S O T
S N Y L N E H S N W
T I B O S N T W O L
C O M I M C S H L S
Y I W B I C Y C L E
B H M W B I H S E B
W B C O E C I W T H
```

Activity 3

1 trio   2 tribe   3 triangle
4 tricycle   5 triple

Unit 17 de- / multi-

Activity 1

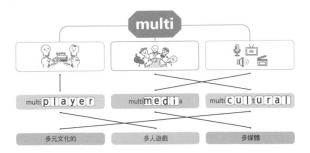

multi **p l a y e r**   multi **m e d i** a   multi **c u l t u r a l**

多元文化的   多人遊戲   多媒體

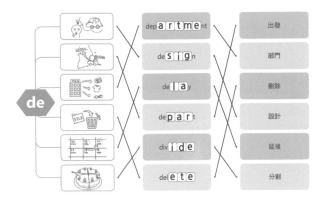

de	出發
de**p** **ar** **t** **me** nt	部門
de **s** **i** **g** n	刪除
de **l** **a** y	設計
de**p** **ar** t	延後
div **i** **d** e	分割
de **l** **e** **t** **e**

Activity 2

① Multimedia
② delay
③ delete
④ divide
⑤ depart

```
          d
        d  e
      d  p
m u l t i m e d i a
  e  v       r
  e  i       t
  e  d
    d e l a y
```

Activity 3

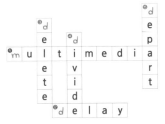

1 I **d e s i g n** ed that car. 我設計了那部車。

2 He works in the sales **d e p a r t m e n t**. 他在業務處工作。

3 **D e t a c h** section A from section B of the form. 將這份表格的A區塊從B區塊分離出來。

4 She likes to play **m u l t i p l a y e r** games. 她喜歡玩多人電腦遊戲。

5 We live in a **m u l t i c u l t u r a l** country. 我們生活在一個多元文化的國家。

→ **d e t a c h** = detach

Unit 18 inter- / super-, sur-

Activity 1

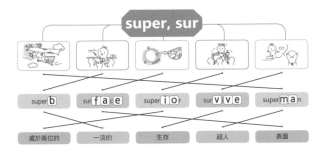

super **b**   sur **f a e**   super **i o** r   sur **v v e**   super **m a** n

處於高位的   一流的   生存   超人   表面

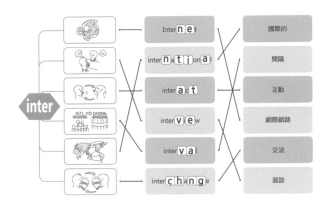

inter	國際的
Inter **n e** t	間隔
inter **n a t i** on**a**	互動
inter **a c t**	網際網路
inter **v e** w	交流
inter **v a**	面談
inter **c h a n g** e

Activity 2

1 interview   2 interchange   3 international
4 interact   5 Internet   6 interval

```
I E A I N T W G I W T R A
R N V N L G V W L A W T E
T I N T E R V I E W E G V
A T R E H E T N G N R N R
I H E R I N V T R V T I H
T L E C W E I E C A G C E
G N V H A V T R N I T W L
A I T A O N R A L R V G N
R V C N I T E C A I E A G
E T A G O V A T N O L C V
W H V E L A V R E T N I T
I N T E R N A T I O N A L
```

Activity 3

1 surface   2 superb   3 superior
4 Superman   5 survive

Unit 19 solv / fa, fess

Activity 1

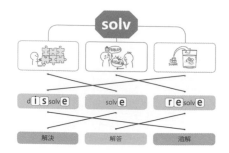

d[i][s]solv[e]   solv[e]   r[e]solv[e]

解決   解答   溶解

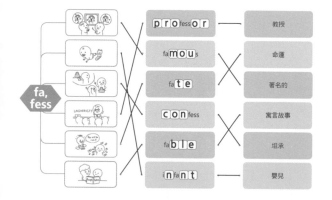

p[r][o]f[e][s][s][o][r] —— 教授

fa[m][o][u]s   命運

fa[t][e]   著名的

[c][o][n]fess   寓言故事

fa[b][l][e]   坦承

i[n]fa[n][t]   嬰兒

Activity 2

① dissolve
② fable
③ preface
④ resolve
⑤ fate

```
              ⁶f
        ⁴r    a
        e     t
  ³d i s s o l v e
        o
  ²f a b l e
        v
  ⁵p r e f a c e
```

Activity 3

1 He wants to be a [f][a][m][o][u][s] singer. 他想成為一位有名的歌手。

2 I was seriously ill as an [i][n][f][a][n][t]. 我還是嬰兒的時候曾經病得很重。

3 He [c][o][n][f][e][s][s]ed that he had stolen the bag. 他坦承他偷了這個包包。

4 I want to be a [p][r][o][f][e][s][s][o][r]. 我想成為一位教授。

5 He [s][o][l][v][e]d the puzzle quickly. 他很快就解開這個謎題了。

→ [c][o][n][f][e][s][s] = confess

Unit 20 pris / cept

Activity 1

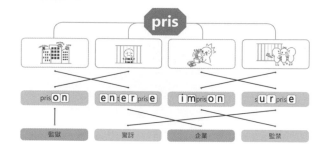

pris[o][n]   [e][n][e][r]pris[e]   [i][m]pris[o][n]   s[u][r]pris[e]

監獄   驚訝   企業   監禁

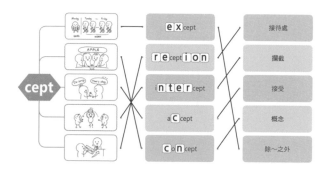

[e][x]cept —— 接待處

[r][e][c][e][p][t][i][o][n]   攔截

[i][n][t][e][r]cept   接受

a[c]cept   概念

[c][o][n]cept   除～之外

Activity 2

1 intercept   2 concept   3 accept

4 reception   5 except

R	I	N	T	P	E	C	C	A	I	X
I	X	T	A	R	X	I	N	O	P	R
N	P	E	I	C	T	E	T	A	C	A
T	I	P	N	A	N	P	X	R	N	T
E	A	X	T	I	E	A	E	O	E	X
R	T	E	P	C	X	R	A	C	O	C
C	P	X	N	A	P	O	I	N	X	A
E	A	O	R	N	T	C	O	R	A	E
P	C	A	P	E	R	X	I	P	R	T
T	E	R	I	N	C	A	N	T	I	C
P	T	R	E	C	E	P	T	I	O	N

Activity 3

1 surprise   2 prison

3 imprison   4 enterprise

Unit 21 st(a), (s)ist

Activity 1

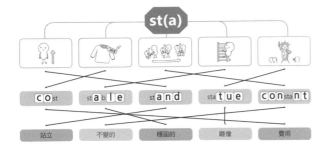

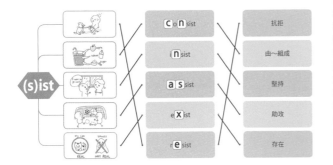

Activity 2

① constant
② stable
③ Statue
④ consist
⑤ exist

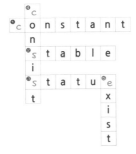

Activity 3

1 He is $\boxed{s}\boxed{t}\boxed{a}\boxed{n}\boxed{d}$ ing at the bus stop. 他正站在公車站上。

2 The total $\boxed{c}\boxed{o}\boxed{s}\boxed{t}$ to you is $20. 給你的總金額是 20 美元。

3 I couldn't $\boxed{r}\boxed{e}\boxed{s}\boxed{i}\boxed{s}\boxed{t}$ it. 我無法抗拒它。

4 She $\boxed{i}\boxed{n}\boxed{s}\boxed{i}\boxed{s}\boxed{t}$ ed on her innocence. 她堅持自己是無辜的。

5 I will $\boxed{a}\boxed{s}\boxed{s}\boxed{i}\boxed{s}\boxed{t}$ you in your work. 我會在你的工作上協助你。

→ $\boxed{i}\boxed{n}\boxed{s}\boxed{i}\boxed{s}\boxed{t}$ = 　insist

---

Unit 22 pos(e), pon / fer

Activity 1

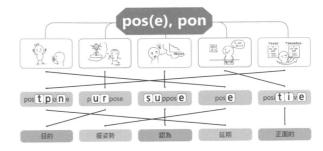

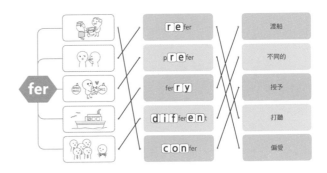

Activity 2

1 different 　　2 suppose 　　3 purpose

4 positive 　　5 postpone

P	T	N	E	R	E	F	F	I	D
N	P	O	S	E	N	I	S	P	N
O	R	U	E	T	S	U	O	R	E
E	S	O	P	R	U	P	T	V	N
S	N	S	R	N	S	V	I	R	O
T	E	P	T	E	R	T	U	S	P
U	S	O	S	P	I	R	I	E	T
P	V	N	E	S	O	P	P	U	S
T	O	T	O	T	R	V	E	N	O
R	S	P	V	U	S	E	O	R	P

Activity 3

1 prefer 　　2 Refer 　　3 ferry

4 confer 　　5 pose

Unit 23 ven(t) / ver

p.160~161

Activity 1

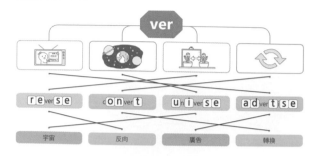

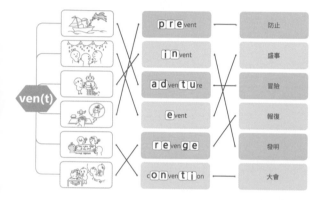

Activity 2

① adventure
② convert
③ invent
④ event
⑤ reverse

```
        i
        n
a d v e n t u r e        r
        e               v
c o n v e r t           e
        t   v           r
            e           s
            n           e
            t
```

Activity 3

1 Washing your hands is the first step to [p][r][e][v][e][n][t] colds. 洗手是避免感冒的第一步驟

2 I will attend the [c][o][n][v][e][n][t][i][o][n]. 我將參加這場大會。

3 Never seek [r][e][v][e][n][g][e] on your family. 切勿對你的家人展開復仇。

4 There are many stars in the [u][n][i][v][e][r][s][e]. 宇宙中有許多星星。

5 She [a][d][v][e][r][t][i][s][e]s the new product on TV. 她在電視上為這新產品打廣告。

→ [p][r][e][v][e][n][t] = | prevent |

Unit 24 press / -duce, -duct

p.166~167

Activity 1

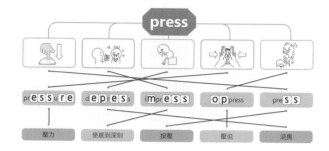

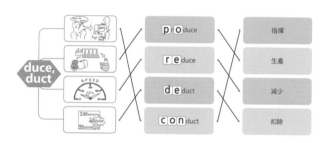

Activity 2

1 oppress   2 depress   3 pressure
4 reduce   5 impress

P	O	P	R	E	C	U	D	E	R
E	D	M	S	I	D	R	E	E	U
M	E	P	R	D	U	I	R	S	E
I	S	M	U	P	S	U	O	D	I
O	P	P	R	E	S	S	U	E	D
M	R	O	D	S	E	I	E	P	R
S	U	E	E	O	R	M	P	R	I
R	I	R	O	D	P	R	S	E	D
M	P	D	U	P	M	D	E	S	U
U	M	R	P	S	I	O	R	S	R

Activity 3

1 produce   2 deduct
3 conduct   4 press

216

Unit 25 port / tail

Activity 1

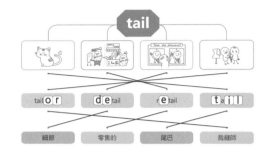

tail **o r** — **de** tail — r **e** tail — **t** a **i l**

細節 — 零售的 — 尾巴 — 裁縫師

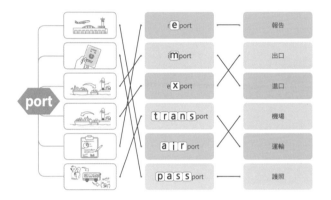

r **e** port — 報告

i **m** port — 出口

e **X** port — 進口

t r a n s port — 機場

a i r port — 運輸

p a s s port — 護照

port

Activity 2

① tailor
② passport
③ import
④ report
⑤ transport
⑥ tail

```
       ①② t  a  i  l  o  r
          r
       ②p  a  s  s  p  o  r  ③t
          n              a
       ④i  m  p  o  r  t  i
          s              l
       ⑤r  e  p  o  r  t
          t
```

Activity 3

1 She has an eye for **d e t a i l**[1]. 她會去注意細節的部分。

2 It is not being sold in **r e t a i l**[6] stores. 這種東西目前零售店沒有在賣。

3 The ship landed at the **p o r t**[5]. 這艘船在港口停泊。

4 How can I get to Gimpo International **A i r p o r t**[3][4]? 我要如何前往金浦國際機場呢？

5 North Korea's main **e x p o r t**[2] is coal. 北韓的主要出口品是燃煤。

→ **e**[1] **x**[2] **p**[3] **o**[4] **r**[5] **t**[6] = export

---

Unit 26 (s)pect / cur

Activity 1

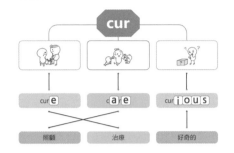

cur **e** — c **a** re — cur **i o u s**

照顧 — 治療 — 好奇的

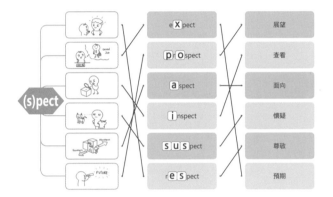

e **X** pect — 展望

p r O spect — 查看

a spect — 面向

i nspect — 懷疑

s u s pect — 尊敬

r **e S** pect — 預期

(s)pect

Activity 2

1 respect   2 expect   3 inspect

4 suspect   5 aspect   6 spectator

7 prospect

R	I	R	U	A	P	R	P	I	E	O	C
O	E	X	P	E	C	T	X	A	S	R	E
U	T	S	S	O	R	O	T	S	X	P	S
S	R	E	P	U	A	S	P	I	I	A	R
I	N	S	P	E	C	T	U	E	T	S	O
P	O	A	T	U	C	R	S	X	U	P	T
O	I	S	I	O	U	T	R	S	A	E	A
T	C	E	P	S	O	R	P	T	I	C	T
R	O	C	I	T	X	E	U	C	O	T	O
T	X	P	A	R	C	U	E	P	S	U	E
I	A	S	X	T	U	I	A	X	R	I	P
U	E	U	R	E	O	C	P	S	A	O	S

Activity 3

1 cure   2 care   3 curious

Unit 27 cide, cis / tend

Activity 1

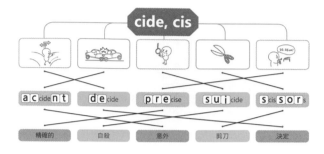

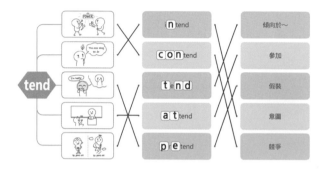

Activity 2

① accident
② precise
③ decide
④ contend
⑤ pretend

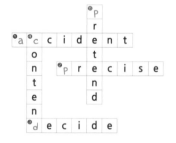

Activity 3

1 Let's cut it with **s c i s s o r s**. 我們用剪刀把它剪開吧。

2 I didn't **i n t e n d** to hurt your friend. 我並非有意要傷害你的朋友。

3 He always **a t t e n d**s the class. 他總是會去上這堂課。

4 Women **t e n d** to live longer than men. 女性通常活得比男性還久。

5 I think it was a **s u i c i d e**. 我想這是一種自殺行為。

➔ **i n t e n d** = [intend]

Unit 28 cap / fus(e)

Activity 1

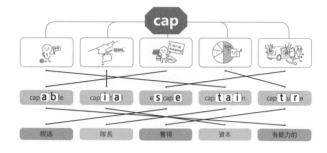

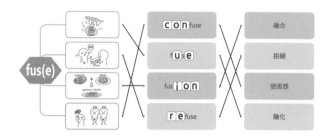

Activity 2

1 capture　　2 escape　　3 capital

4 captain　　5 capable

U	C	B	A	P	R	T	C	A	C
E	R	U	T	P	A	C	U	P	A
T	R	T	U	C	S	P	L	C	P
U	E	S	C	A	P	E	R	T	T
S	L	S	E	A	B	S	A	U	A
C	B	P	C	S	P	U	L	C	I
T	A	B	S	E	R	I	S	B	N
R	P	P	A	C	U	L	T	T	B
A	A	U	E	L	T	B	R	A	P
L	C	B	A	C	P	I	T	C	L

Activity 3

1 confuse　　2 fuse

3 refuse　　4 fusion

Unit 29 vis, view

p.196~197

Activity 1

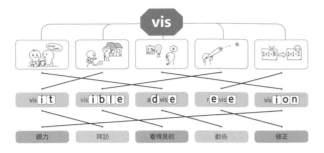

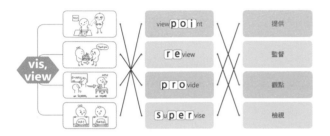

Activity 2

① vision
② supervise
③ revise
④ visible
⑤ visit

Activity 3

1 It is useful to **r e v i e w** past mistakes. 檢討過去的錯誤是有幫助的。

2 Please write answers in the space **p r o v i d e** d. 請於提供的空白部分,寫下答案。

3 I didn't know how to **a d v i s e** my friend. 我不知道該怎麼勸我的朋友。

4 I'm trying to understand his **v i e w p o i n t**. 我正試著要去了解他的觀點。

→ **r e v i e w** = review

Unit 30 fac-, -fec

p.202~203

Activity 1

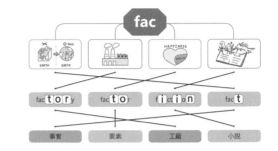

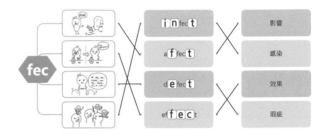

Activity 2

1 fiction   2 factory

3 factor   4 effect

Y	A	F	A	C	T	O	R	E
C	F	R	F	T	O	R	N	F
O	N	I	A	Y	F	C	F	F
F	T	N	C	A	N	N	R	E
A	A	O	R	T	Y	C	A	C
N	T	C	F	A	I	Y	T	T
C	O	R	Y	R	T	O	O	F
Y	R	O	T	C	A	F	N	T
T	F	N	R	A	C	Y	F	O

Activity 3

1 infect   2 affect

3 fact   4 defect

Index 索引

以下是本書精選 300 個基礎字彙，以字母順序排列。